Der Zweite Weltkrieg

Paul Kennedy

Der Kampf
im Pazifik

Moewig

Verlagsunion Erich Pabel-Arthur Moewig KG, Rastatt

Titel der Originalausgabe:
Pacific onslaught 7th December 1941/7th February 1943,
erschienen im Verlag Pan/Ballantine, London/New York
Aus dem Englischen von Wulf Bergner
© 1972 by Ballantine Books Inc.
© 1981 der deutschen Übersetzung by
Verlagsunion Erich Pabel-Arthur Moewig KG, Rastatt
Umschlagentwurf und -gestaltung:
Werbeagentur Zeuner, Ettlingen
Umschlagfotos: Archiv VPM
Fotos im Innenteil: Archiv VPM
Printed in Germany 1994
Druck und Bindung: Elsnerdruck Berlin
ISBN 3-8118-7342-3

Inhalt

Einleitung 7
Von Barrie Pitt

Die Ursprünge des Krieges im Pazifik 11

Pearl Harbor 29

Hongkong, Malaya und Singapur 45

Die Philippinen und Niederländisch-Ostindien ... 63

Burma und die Bedrohung Indiens 81

Der Luftangriff auf Tokio und die Seeluftschlacht
in der Korallensee 97

Midway 115

Guadalcanal 133

Neuguinea, Burma, China 153

Das strategische Gleichgewicht 171

Eine militärische Explosion

Einleitung von Barrie Pitt

Im Westen wird nicht allgemein erkannt, daß der Überfall auf Pearl Harbor am 7. Dezember 1941 für Japan lediglich ein weiteres Ereignis in einem Krieg war, den das Land seit über vier Jahren führte. Dabei handelte es sich zweifellos um ein äußerst wichtiges Ereignis, aber der Entschluß zum Angriff basierte weniger auf feindseligen Gefühlen den Vereinigten Staaten gegenüber – die es natürlich auch gab –, als vielmehr auf der Notwendigkeit, sich die Rohstoffe zu beschaffen, die es Japan ermöglichen würden, seine schwer erkämpften Erfolge in China zu konsolidieren.

Als Japan im Jahre 1937 in China einfiel, geschah das mit stillschweigendem Einverständnis der Vereinigten Staaten, die es sogar dazu ermutigten, um den japanischen Expansionsdrang vom Pazifik abzulenken – und um aus dieser Situation die größtmöglichen Vorteile für ihren Außenhandel zu ziehen. Als ein Monat nach dem anderen verstrich, entfernten die japanischen Soldaten sich auf ihrem siegreichen Feldzug notwendigerweise immer weiter von der Heimat, brauchten mehr und mehr Lastwagen zum Transport ihrer Truppen, mehr Panzer zum Schutz der Lkw-Kolonnen und mehr Flugzeuge zur Sicherung ihres Vormarsches aus der Luft. Und vor allem mehr Öl zur Treibstoffversorgung der vielen Motoren.

Anfangs fiel es Japan nicht weiter schwer, sich alle benötigten Rohstoffe zu beschaffen, und sein militärisches Abenteuer war erfolgreich, so daß japanische Soldaten immer tiefer nach China vorstießen und immer größere Gebiete besetzten. Aber ab 1940 wurden wichtige Rohstofflieferungen plötzlich einschneidend gekürzt; Amerika verhängte im September ein Handelsembargo für Gummi, fror im Juli 1941 alle japanischen Guthaben in den Vereinigten Staaten ein und verkündete ein Ölembargo gegen „alle Aggressoren" – wobei Japan deutlich zu verstehen gegeben wurde, daß es nach amerikanischer Ansicht ebenfalls unter diese Kategorie falle.

Damit war Japan mit einem Schlag von den Quellen abgeschnitten, aus denen es bisher fast 90 Prozent seines Ölbedarfs gedeckt hatte, und mußte auf große Anteile anderer wichtiger Rohstoffeinfuhren verzichten. Japan stand vor der Wahl, die in zweijährigen Kämpfen errungenen Erfolge aufzugeben und dadurch einen Gesichts- und Prestigeverlust zu erleiden, den kein fernöstlicher Staat sich leisten konnte, oder sich andere Rohstoffquellen zu sichern. Wie es das Schicksal wollte, gab es in der Nähe genügend Öl: Borneo, Java und Sumatra konnten Japans voraussichtlichen Bedarf decken, und im weiter nördlich gelegenen Burma gab es große Lagerstätten, die sozusagen als Reserve dienen konnten – aber sie ließen sich nur nutzen, wenn ein riesiges Gebiet schnell, umfassend und erfolgreich militärisch besetzt wurde.

Unterschiedliche Nationen haben zum Thema Krieg unterschiedliche Philosophien und unterschiedliche Auffassungen entwickelt, weil sie eine unterschiedliche Geschichte haben. Als Ergebnis westlicher Traditionen neigen die Anglo-Amerikaner dazu, den 7. Dezember 1941 – den Tag des Überfalls auf Pearl Harbor – als Tag der Schande und den 15. Februar 1942 – den Tag der Kapitulation Singapurs – als einen Tag der Tragödie zu betrachten.

Man kann diese beiden Tage jedoch auch von einem anderen Gesichtspunkt aus sehen. Für die Japaner war der 7. Dezember 1941 der Tag, an dem sie sich tapfer und ehrenvoll für ein gewaltiges Risiko entschieden, anstatt schwach, feige und unehrenhaft zu kapitulieren. Und der 15. Februar 1942 war für sie ein Tag der Schande, als sie ungläubig sehen mußten, daß Männer in Uniform so wenig Ehrgefühl besaßen, daß sie den Kampf aufgaben, ohne kampfunfähig zu sein und obwohl sie noch Waffen besaßen, mit denen sie sich zur Wehr hätten setzen können. Ein japanischer Soldat war von diesem Anblick so sehr betroffen, daß er sich trotz aller Begeisterung wegen des Sieges in seiner Menschlichkeit beschämt fühlte, als er hier erlebte, wie tief der Mensch sinken kann.

Japan sicherte sich die Ölquellen und den nicht weniger wichtigen ungehinderten Transportweg für das Öl zurück in die Heimat durch einen Ausbruch militärischer Energie, der die Welt verblüffte. Dr. Kennedy schreibt darüber in diesem faszinierenden Buch: „Der japanische Angriff im Fernen Osten gehört zu den erfolgreichsten schnellen und weiträumigen Feldzügen der Kriegsgeschichte. Innerhalb von vier Monaten hatten die Japaner Hongkong, Malaya, Singapur, Niederländisch-Ostindien, Südburma und den größten Teil der Philippinen erobert; innerhalb eines weiteren Monats sollte Corregidor sich ergeben und sollten die Engländer aus Burma vertrieben werden. Und was hatte dieser große Sieg Japan gekostet? 15 000 Mann, 380 Flugzeuge und vier Zerstörer."

Und damit schienen die japanischen Erfolge noch längst nicht abzureißen. Die Seeluftschlacht in der Korallensee wurde nicht gleich als amerikanischer Erfolg erkannt, und auf japanischer Seite brauchte man schon den Weitblick eines Yamamoto, um zu erkennen, daß Midway eine Katastrophe für Japan war, von der es sich vermutlich nie mehr würde erholen können. Die erbitterten Kämpfe auf Guadalcanal und am Kokoda Trail sollten viele Monate lang dauern, bevor die ersten Anzeichen dafür zu erkennen waren, daß die von Japan ausgehende Flut ihren Höchststand erreicht hatte und in Wirklichkeit schon wieder zurückging.

Dieses weite Panorama militärischer Eroberungen wird von Dr. Kennedy mit solcher Klarheit und Spannung dargestellt, daß man ihm höchste Bewunderung zollen muß, und ich bin mir sicher, daß alle Leser dieses Bandes gespannt auf den in Vorbereitung befindlichen Folgeband warten werden, der die Wende im Pazifik, den langen Marsch der Alliierten bis zum Sieg und das Ende der japanischen Eroberungsträume schildern wird.

Die Ursprünge des Krieges im Pazifik

Der Krieg im Fernen Osten stand längst im fünften Jahr, als Pearl Harbor am Morgen des 7. Dezember 1941 von japanischen Flugzeugen angegriffen wurde. Außerdem war dieser Überfall, so sehr er weite Teile der Weltöffentlichkeit schockierte, im Grunde genommen lediglich eine neue Ausweitung – allerdings eine recht große – eines Konflikts, dessen Umfang seit Beginn dieses Krieges stetig gewachsen war.

Berücksichtigt man, was sich vor diesem Angriff ereignet hatte, wird sofort klar, daß die Vernichtung der amerikanischen Pazifikflotte nichts anderes als die logische militärische Konsequenz einer viel größeren Auseinandersetzung war, die auf den Hügeln und in den Tälern Chinas zu einem Patt geführt hatte. Der Krieg im Pazifik, wie wir ihn im Westen nennen, entstand aus dem japanisch-chinesischen Konflikt, der im Juli 1937 ausgebrochen war.

Die Ursprünge dieser Auseinandersetzung reichen bis ins 19. Jahrhundert zurück – bis in die Zeit nach der Meiji-Restauration des Jahres 1868, als Japan sich aus einem Feudalstaat in einen modernen Industriestaat verwandelte. Nachdem die Japaner die fortschrittlichen Staaten des Westens in dieser Beziehung imitiert hatten, war es nicht weiter verwunderlich, daß sie auch den nächsten Schritt tun und sich Kolonien sichern wollten, wie es die imperialistischen Mächte längst getan hatten.

Das führte jedoch zu Schwierigkeiten, denn letztere waren nicht bereit, auch Gelbe in ihrem recht exklusiven Klub aufzunehmen und sie an den materiellen Vorteilen teilhaben zu lassen, die sie sich in Asien zu sichern hofften.

In den Jahren 1894/95 führte Japan gegen das schwächere, vergleichsweise weniger entwickelte China Krieg, blieb siegreich und versuchte, wichtige Teile der chinesischen Küstengebiete zu annektieren. Die Sowjetunion, Frankreich und Deutschland intervenierten jedoch und sorgten durch ihren Druck dafür, daß die Chinesen diese Gebiete weitgehend zurückerhielten. Im Jahre 1904 überfiel das durch sowjetische Übergriffe in der Mandschurei aufgeschreckte Japan die in Port Arthur liegende Fernostflotte des Zaren (8./9. Februar). Im Jahr darauf besiegte es die sowjetische Armee bei Mukden und vernichtete die sowjetische Flotte bei Tsuschima (27./28. Mai), so daß die Sowjetunion um Frieden bitten mußte. Damit war Japan zu einer achtunggebietenden Macht aufgestiegen, ohne deren Zustimmung sich im Fernen Osten nicht mehr viel verändern ließ; außerdem hatte es bewiesen, daß die Weißen keineswegs unbesiegbar waren.

Für das japanische Volk reichten die Früchte dieser Siege jedoch kaum aus, um sein Prestige- und Machtbewußtsein zu befriedigen oder seiner rasch wachsenden Industrie genügend Rohstoffe und Absatzmärkte zu verschaffen.

Im Vergleich zu den riesigen Kolonialreichen anderer

Nationen waren die überseeischen Besitzungen Japans noch immer winzig und unbedeutend. Dazu kam noch, daß Japan trotz aller industriellen Fortschritte im Grunde genommen ein Feudalstaat geblieben war, dessen Kaiser als Gott verehrt wurde und in dem der Krieger viel mehr galt als der Geschäftsmann. Der Expansionen fordernde innenpolitische Druck war sehr hoch, und das Militär hatte großen politischen Einfluß, während die demokratische Basis schmal und unsicher blieb.

Obwohl im Jahre 1914 Gebietsgewinne dazukamen, als Japan, das seine Verpflichtungen aus dem 1902 mit England abgeschlossenen Beistandspakt sehr weitherzig auslegte, die deutschen Gebiete in Nordchina sowie die Marshall-, Karolinen- und Marianen-Inseln im Pazifik besetzte, waren seine Ambitionen keineswegs befriedigt. Da es glaubte, die anderen Mächte seien zu sehr in den europäischen Krieg verstrickt, um sich um Ereignisse im Fernen Osten zu kümmern, stellte es China seine „21 Forderungen", die ihm praktisch die Herrschaft über das zerfallende Reich der Mitte gesichert hätten.

Diese Entwicklung alarmierte jedoch Großbritannien und die Vereinigten Staaten, die Japan so sehr unter Druck setzten, daß es im Jahre 1915 auf seine Forderungen verzichtete; aber der Wunsch, China zu beherrschen, das den Japanern als natürliches Feld für ihre Expansionsbestrebungen erschien, wurde dadurch selbstverständlich nicht zum Verschwinden gebracht, sondern lediglich unterdrückt. Tatsächlich könnte man den Drang, sich ein großes Reich in China zu sichern, als Haupttriebfeder der japanischen Außen- und Militärpolitik in den fünf Jahrzehnten nach 1894 bezeichnen.

Außerdem hatte die aus den 21 Forderungen entstandene Krise gezeigt, mit welcher politischen Konstellation in Zukunft zu rechnen sein würde: England mit den Vereinigten Staaten verbündet, um Chinas Unabhängigkeit zu erhalten – und Japan bestrebt, sie möglichst zu verringern.

Der im Jahre 1919 geschlossene Vertrag von Versailles, der Japan die ehemals deutschen Kolonien zusprach, änderte nichts an dieser Sachlage, denn die Japaner fühlten sich weiterhin zurückgesetzt, während die Amerikaner besorgt waren, weil die Philippinen jetzt durch die Japan zugesprochenen Mandatsgebiete, das heißt die Inselgruppen im Pazifik, von Hawaii getrennt waren.

Kriegspläne wurden schon damals gemacht, und Japan wurde Amerikas potentieller Feind Nummer eins, während die Vereinigten Staaten in den Planungen der japanischen Kriegsmarine den gleichen Platz einnahmen. Andererseits fürchtete die japanische Armee eher die Sowjetunion, deren starke Truppenverbände in Asien als viel größere Gefahr für Tokios Eroberungsgelüste auf dem Festland betrachtet wurden.

In den zwanziger Jahren verschlechterten sich die Beziehungen zwischen Japan und den Westmächten aus verschiedenen Gründen. Im Jahre 1921 kündigte England unter starkem amerikanischen Druck den anglo-japanischen Beistandspakt. Drei Jahre danach beschlossen die Engländer den Bau eines Marinestützpunktes in Singapur. Außerdem bewogen die internationalen Verhandlungen, die im Jahre 1922 in Washington zu einem Flottenabkommen geführt hatten, durch das die japanische Kriegsmarine im Vergleich zu den englischen und amerikanischen Marinen schwächer bleiben mußte (das Verhältnis betrug 3:5:5), Tokio dazu, China widerstrebend die Provinz Schantung zurückzugeben, und garantierten die Aufrechterhaltung des politischen und militärischen Status quo im Fernen Osten. Schließlich verordneten die Vereinigten Staaten im Jahre 1924 einen Einwanderungsstopp für Japaner.

Das alles schien zu beweisen, daß die angelsächsischen Mächte sich gegen Japan verschworen hatten, um seine weitere Ausdehnung zu verhindern, und die liberalen japanischen Politiker, die das Washingtoner Flottenabkommen ausgehandelt hatten, wurden in den folgenden Jahren immer wieder von Militärs angegriffen und mit Vorwürfen überhäuft. Trotzdem hinderte das Abkommen andere Staaten daran, Stützpunkte im Pazifik anzulegen und ihre Kriegsmarinen zu vergrößern. Und da Japan die Größen- und Kaliberbeschränkungen des Abkommens heimlich mißachtete und insgeheim weiterrüstete, profitierte es zweifellos von diesem Abkommen, bis es die Vereinbarungen im Jahre 1934 aufkündigte.

Japan litt besonders schwer unter der Weltwirtschaftskrise des Jahres 1929, die dem Land hohe Arbeitslosenziffern und innenpolitische Spannungen brachte. Unter diesen Umständen gewannen die Militaristen an Einfluß, während liberale Politiker in Mißkredit gerieten oder sogar von Extremisten ermordet wurden. Außerdem wollten die jungen Offiziere sich im Kampf bewähren, und weder ihre Vorgesetzten noch die Regierung fühlten sich imstande, sie daran zu hindern – und wollten es wohl auch gar nicht.

Im September 1931 eroberten die zur Sicherung der

Bahnlinien, deren Nutzung Japan auf der Washingtoner Neunmächtekonferenz des Jahres 1922 zugestanden worden war, in der Mandschurei stehenden japanischen Truppen Mukden und machten sich daran, den Rest des Landes zu besetzen. Angeblich handelten sie aus Notwehr, um einem drohenden chinesischen Angriff zuvorzukommen. Da das rasch gegründete Marionetten-Kaiserreich Mandschukuo, wie die Mandschurei in Zukunft heißen sollte, weder vom Völkerbund noch den Vereinigten Staaten anerkannt wurde, trat Japan im Jahre 1933 aus dem Völkerbund aus. Der geringe Widerstand in China und die im gleichen Jahr erfolgende Machtergreifung der Nationalsozialisten in Deutschland ermutigten die japanischen Militaristen zu weiteren Expansionsplänen. In diesen Jahren wurde viel Propaganda für die Idee einer „Zone gemeinsamen Wohlstands in Groß-Ostasien" gemacht, unter der in der Praxis die japanische Vorherrschaft in Ostasien und dem Westpazifik zu verstehen war.

Im Juli 1937 fielen japanische Truppen in Nordchina ein – angeblich ebenfalls zur Abwehr chinesischer Angriffe. Obwohl dieser Feldzug offiziell nie als Krieg bezeichnet wurde (die Japaner sprachen lieber von einem „Chinazwischenfall"), uferte er bald aus; damit hatte der Krieg im Fernen Osten in Wirklichkeit schon begonnen. Bei den Kämpfen um Schanghai und Nanking verloren die Japaner 21 300 Gefallene und über 50 000 Verwundete, während die chinesischen Verluste bei über 367 000 Mann lagen.

Bis Ende 1937 standen etwa 700 000 japanische Soldaten in China. Ende 1939 waren es schon 850 000

Mann. Außerdem erwies der Krieg in China sich als weit schwieriger, als die Japaner ursprünglich angenommen hatten. Die Chinesen weigerten sich, zu kapitulieren, verlegten ihre Hauptstadt ständig weiter landeinwärts und machten schließlich Tschungking zu ihrer Operationsbasis. Während die Japaner nach Süden und Westen vordrangen, stiegen ihre Verluste besorgniserregend an. Auf der anderen Seite verfügten die Chinesen, deren Verluste zwar noch höher waren, über praktisch unerschöpfliche Menschenreserven. Diese immer weiträumigeren Operationen schienen nur dazu zu dienen, die Schwächen des japanischen Kriegsmaterials aufzudecken und Truppen von der Kwantung-Armee abzuziehen, die den wichtigen Auftrag hatte, die Mandschurei gegen Vorstöße sowjetischer Truppen zu verteidigen.

Am irritierendsten waren die Unterstützung der kommunistischen Chinesen durch die Sowjetunion und die Hilfslieferungen der Westmächte an die nationalistische Regierung, die durch chinesische Häfen oder über die Burma-Straße ins Land kamen. Da die Japaner sich ihr eigenes Versagen nicht eingestehen wollten, setzte sich bei ihnen die Überzeugung fest, China könne besiegt werden, wenn es nur gelinge, es von der moralischen und materiellen Unterstützung durch das Ausland abzuschneiden. Das setzte die Verdrängung ausländischer Interessen und die Besetzung oder Blockade der chinesischen Küste voraus, die in den Jahren 1937 und 1938 schrittweise verwirklicht wurde; außerdem erforderte es die gewaltsame Schließung der Burma-Straße.

Seine geschickte Diplomatie – und weltbewegende Ereignisse in anderen Ländern – gab Japan die Möglichkeit, sich immer mehr nach Süden zu orientieren. Trotz eines erbitterten Konflikts an der mongolisch-mandschurischen Grenze bei Nomonhan, in dem Japan im August 1939 im Kampf mit sowjetischen Panzerverbänden 11 000 Mann verlor, wurde ein Krieg mit der Sowjetunion vermieden. Am 13. April 1941 wurde sogar ein japanisch-sowjetisches Nichtangriffsabkommen unterzeichnet, das Teile der japanischen Truppen für Operationen im Süden freisetzte, obwohl das Mißtrauen gegen die sowjetischen Pläne in Asien dadurch keineswegs ausgeräumt war. Außerdem lähmte der Krieg in Europa die Möglichkeiten Englands, im Fernen Osten einzugreifen, und nach 1940 zählte Frankreich nicht mehr.

Die Vereinigten Staaten würden sich hoffentlich nicht mehr einzumischen wagen, seitdem Deutschland, Italien und Japan im September 1940 den Dreimächtepakt geschlossen hatten, in dem sich diese Staaten verpflichtet hatten, ,,sich mit allen politischen, wirtschaftlichen und militärischen Mitteln gegenseitig zu unterstützen", falls eine der drei Mächte ,,von einer Macht angegriffen wird, die gegenwärtig nicht in den europäischen Krieg oder in den chinesisch-japanischen Konflikt verwickelt ist".

Diese Entwicklungen waren für die amerikanische Regierung in höchstem Maße alarmierend. Washington hielt Japan seit Jahrzehnten für die größte Gefahr, die dem Frieden in Asien drohte. Aber Roosevelt hätte die japanische Aggression in China nur mit einer Kriegserklärung beantworten können, gegen die seine isolationistisch gesinnten Landsleute gewesen wären und die wegen Hitlers Eroberungsgelüsten nicht in Frage kam.

Schon im Jahre 1938 hatten anglo-amerikanische Generalstabsgespräche über die Lage im Fernen Osten stattgefunden, aber auch den Engländern lag sehr viel daran, dort bewaffnete Auseinandersetzungen nach Möglichkeit zu vermeiden. Trotzdem zwang der Versuch Japans, die Chinesen zusätzlich unter Druck zu setzen, indem es im Juli 1941 das französische Indochina besetzte, wozu die Vichy-Regierung widerstrebend ihr Einverständnis gegeben hatte, die Westmächte endlich zum Handeln. Unmittelbar danach froren die amerikanische, englische und niederländische Regierung sämtliche japanischen Guthaben ein, so daß Japan praktisch von jeglicher Ölversorgung abgeschnitten war.

Das war eine einschneidende Maßnahme. Japan hatte bei seinem Versuch, China zu besiegen, von Jahr zu Jahr weiter nach Süden ausgegriffen. Ohne Öl für seine Industrie und sein Militär würde es jedoch bald zusammenbrechen – und dann wären alle diese Anstrengungen vergeblich gewesen. Die Japaner waren auf importierte Rohstoffe angewiesen. Eine Untersuchung aus dem Jahre 1941 zeigte, daß seine geringen Ölreserven für den Fall, daß dieses Embargo nicht aufgehoben wurde, nicht einmal so lange reichen würden, bis die in China stehenden 20 Divisionen den Sieg errungen hatten, was noch etwa drei Jahre dauern würde.

Als einzige Lösung bot sich die Besetzung der Ölfelder in Niederländisch-Ostindien an, die ganz Japan versorgen konnten. Das bedeutete jedoch die bei weitem größte Eskalation des Krieges in Asien – und noch dazu ein riskantes Landungsunternehmen. Japan stand vor grimmigen Alternativen: Es konnte seine Absichten in

China und anderswo aufgeben, was vermutlich zu einem Putsch von rechts geführt hätte, oder die Ölfelder besetzen und den Kampf mit den Westmächten aufnehmen. Langwierige Verhandlungen mit den Amerikanern wären zwecklos gewesen, denn sie hätten lediglich eine fortschreitende Schwächung der militärischen und industriellen Kraft Japans bewirkt und seine Widerstandsfähigkeit amerikanischem Druck gegenüber entscheidend herabgesetzt.

Angesichts der in China auf dem Spiel stehenden Vorteile, des Kalibers und der Mentalität der japanischen Generale und der Entschlossenheit der Japaner, „nicht das Gesicht zu verlieren", war die Entscheidung Japans für den Krieg eigentlich kaum überraschend. Auf der anderen Seite war es zweifellos naiv von den Alliierten, die Bedeutung ihres Ölembargos nicht zu erkennen und statt dessen weiter auf eine friedliche Beilegung der Meinungsverschiedenheiten zu hoffen.

So vereinigte sich das aktuelle Bedürfnis, die niederländischen Ölfelder zu besetzen, um in China siegen zu können, mit der allgemeiner formulierten, langfristigen Idee einer Zone gemeinsamen Wohlstands, und aus ihrer Verschmelzung entstand die japanische Strategie. Japan wollte durch rasch aufeinanderfolgende Operationen Hongkong, Thailand, Malaya, Burma, Niederländisch-Ostindien, die Philippinen, Neuguinea und mehrere Inselgruppen im Pazifik besetzen. Erst dann war China von jeglichem Nachschub aus dem Westen abgeschnitten, während Japan sich genügend Öl gesichert hatte, um ungestört den Kampf gegen Tschiang-Kaischeks Armeen wiederaufnehmen zu können.

Nur wenige Japaner überlegten sich, daß sie im Begriff waren, eine Nation anzugreifen, deren Kriegspotential etwa zehnmal größer als ihr eigenes war. Die wenigen, die sich Gedanken darüber machten, erwarteten, daß die Amerikaner sich mit Japans Eroberungen abfinden würden, wenn es gelang, rasch eine gewaltige „Festung Nippon" zu errichten, die allen Gegenangriffen trotzen konnte. Auch England war zu sehr durch den Krieg in Europa und Nordafrika abgelenkt, während die Sowjetunion seit dem deutschen Überfall im Juni 1941 ums Überleben kämpfte.

Trotzdem brach der Krieg nicht gleich im Juli aus. Während der japanische Botschafter in Washington versuchte, Roosevelt zur Aufhebung des Embargos zu überreden, wurden in Japan die Streitkräfte verstärkt und Strategiefragen erörtert. Die Ablösung der Regierung des Fürsten Konoye im Oktober 1941 durch die des Generals Tojo und die Meldung, daß die japanischen Ölvorräte seit April um ein Viertel zurückgegangen seien, waren vermutlich die ausschlaggebenden Faktoren, denn unterdessen war auch klar, daß die Amerikaner es lediglich darauf anlegten, die Verhandlungen zu verschleppen, während sie Verstärkungen auf die Philippinen warfen und beobachteten, wie ihr Embargo zu wirken begann. Erst in diesen letzten Monaten wurde der Entschluß gefaßt, Pearl Harbor anzugreifen, während andererseits dafür gesorgt war, daß der Angriff abgeblasen werden konnte, falls die Washingtoner Gespräche wider Erwarten doch zu einem Erfolg führen sollten.

Der endgültige japanische Kriegsplan sah Angriffe auf Pearl Harbor, Siam und den Norden Malayas vor, denen

Luftangriffe auf Flugplätze auf Luzon, Guam, Wake und den Gilbert-Inseln folgen sollten; außerdem waren die Besetzung Hongkongs und Landungen auf den Philippinen und auf Borneo geplant, denen weitere Operationen folgen sollten.

Im zweiten Stadium sollten das restliche Malaya, Singapur, der Bismarck-Archipel, Südburma und strategisch wichtige Positionen in Niederländisch-Ostindien besetzt werden. Im dritten und letzten Stadium würden die holländischen Kolonien sowie ganz Burma und bestimmte Inselgruppen im Indischen Ozean vollständig besetzt werden. Das alles hoffte man in 150 Tagen nach Ausbruch der Feindseligkeiten schaffen zu können. Danach konnte das Heer sich wieder seiner Hauptaufgabe – der Unterwerfung der Chinesen – widmen, während auf den Inseln im Pazifik ein konzentrisches Verteidigungssystem zur Abwehr amerikanischer Gegenangriffe erbaut wurde.

Auch die Westmächte arbeiteten Verteidigungspläne aus, da sie den japanischen Expansionsdrang im Fernen Osten zumindest erkannten, wenn sie auch trotz aller Warnungen einheimischer Fachleute nicht glaubten, daß der japanische Angriff so frühzeitig und überraschend kommen würde. Die Holländer waren bereit, alle Bemühungen zur Erhaltung des Status quo in diesem Gebiet zu unterstützen, während die Engländer hofften, Singapur halten zu können, bis die Garnison aus der Heimat verstärkt werden konnte.

Auch die Amerikaner dachten an eine hinhaltende Verteidigung: Ihre Truppen auf den Philippinen sollten sich auf die befestigte Halbinsel Bataan zurückziehen, alle anderen Stellungen notfalls aufgeben und dort das Eintreffen der Pazifikflotte mit Verstärkungen abwarten. Im August 1941 wurde jedoch plötzlich beschlossen, nicht nur einen Teil von Luzon, sondern alle Inseln der Philippinen zu halten – teils aus der Erwägung heraus, daß das politisch besser sei (und weil General MacArthur, der dortige amerikanische Oberbefehlshaber, sich gegen jeglichen Rückzug aussprach), teils wegen der Ablenkung Deutschlands durch den Rußlandfeldzug, die Roosevelt ermutigte, im Fernen Osten energischer aufzutreten, und teils wegen der neuen amerikanischen Langstreckenbomber des Typs B-17, die hoffentlich alle Invasionsversuche verhindern können würden. Aber die Amerikaner warfen noch immer Flugzeuge und Soldaten nach Luzon, als der Krieg ausbrach.

Die Kräfteverteilung im Fernen Osten ergab eindeutige Vorteile für die Japaner. Wie die Besetzung Norwegens und Kretas gezeigt hatten, wurden für Landungsunternehmen möglichst viele Flugzeuge gebraucht, und Japan konnte 700 moderne Heeres- und 480 Marineflugzeuge aufbieten, die von Formosa aus operieren würden. Dazu kamen die für den Angriff auf Pearl Harbor vorgesehenen 360 Maschinen, die erst vor kurzem von Deckungsaufgaben im Süden frei geworden waren, nachdem die Reichweite der auf Formosa stationierten „Zeros" (Mitsubishi A6M2) so vergrößert worden war, daß ihr Aktionsradius die Philippinen einschloß. Die Amerikaner hatten 307 Flugzeuge (darunter 35 B-17) auf den Philippinen, die Engländer 158 in Malaya und 37 in Burma, und die Holländer 144 in Niederländisch-Ostindien. Aber Zahlen allein ergeben ein falsches Bild: Die weitaus meisten der alliierten Flugzeuge waren veraltet und wenig kampfkräftig; keiner der Jäger war dem japanischen Zero gewachsen. Die Sparprogramme in der Zeit zwischen den Weltkriegen wirkten sich nun auch auf diesem Kriegsschauplatz nachteilig aus.

Das gleiche galt auf See. Japan besaß zehn Großkampfschiffe, während die Alliierten gemeinsam elf hatten, aber die japanische Kriegsmarine verfügte über viel neuere und stärker bewaffnete Schiffe. Bei Kreuzern, Zerstörern und U-Booten war das Kräfteverhältnis etwa ausgeglichen, aber von den im Pazifik entscheidend wichtigen Flugzeugträgern hatte Japan zehn, während die Alliierten nur drei aufbieten konnten. Am wichtigsten war jedoch die Tatsache, daß die japanischen Verbände zentral geführt werden und nicht unter Befehls- und Verständigungsschwierigkeiten zu leiden haben würden. Außerdem waren die englische und amerikanische Flotte 10 000 Kilometer voneinander entfernt und nicht gut für Nachtgefechte ausgebildet.

Was die Landstreitkräfte betraf, war das Gesamtbild ebenso deprimierend. Die Engländer hatten etwa 134 000 Mann in Malaya, Hongkong und Burma stehen, die Holländer etwa 65 000 Mann in Niederländisch-Ostindien und die Amerikaner rund 140 000 auf den Philippinen. Aber 40 000 Mann der holländischen und 110 000 Mann der amerikanischen Truppen gehörten in Wirklichkeit zur dortigen Eingeborenenmiliz, und viele der englischen Soldaten waren unzulänglich ausgebildet, während die Verteidigungskräfte in Malaya und Burma vor allem aus Einheimischen oder Indern bestanden.

Auf alliierter Seite gab es nur wenige Panzer und – was noch schlimmer war – nur wenige gute Kommandeure. Japan beschloß andererseits wagemutig, lediglich elf seiner Infanteriedivisionen für dieses riskante Unternehmen einzusetzen, und beließ erheblich stärkere Kräfte in China (22 Divisionen) und in der Mandschurei (13 Divisionen) – ein deutliches Zeichen dafür, wie das japanische Heer die Prioritäten sah.

Wahrscheinlich wurden bei den Operationen im Süden weniger als 250 000 Mann eingesetzt, die jedoch so oft kreuz und quer verlegt wurden, daß es schwierig ist, die genauen Zahlen festzustellen. Trotzdem hatten die Japaner in Wirklichkeit viel bessere Chancen, als ein bloßer Zahlenvergleich zu beweisen scheint, denn ihre Luft- und Seeherrschaft sicherte ihnen die örtliche Überlegenheit, und die japanischen Truppen waren besser für Nachtgefechte und den Kampf im Dschungel ausgebildet. Insgesamt hatte Japan eine viel modernere Streitmacht, die gut ausgerüstet und hervorragend ausgebildet war, bessere Offiziere und ein einheitliches Oberkommando besaß und das Überraschungsmoment auf ihrer Seite hatte. Die einzige Gefahr drohte ihr von der amerikanischen Pazifikflotte, die jedoch hoffentlich ausgeschaltet werden würde. Schließlich sollte noch festgestellt werden, daß die japanische Aufklärung zwar gut arbeitete, daß die Amerikaner jedoch den großen Vorteil besaßen, den japanischen Diplomatenkode mitlesen zu können, nachdem Oberst William Friedman ihn im Jahre 1940 geknackt hatte. Entscheidend war jedoch die Frage, ob die entschlüsselten Informationen zur rechten Zeit am rechten Ort verwertet werden konnten.

Die Washingtoner Verhandlungen gingen den ganzen Spätherbst des Jahres 1941 hindurch weiter, obwohl sich rasch zeigte, daß die Vereinigten Staaten nicht bereit waren, ihr Embargo aufzuheben, bevor Japan auf seine Expansionsgelüste verzichtete. Unter dem Druck des Militärs beschloß die japanische Regierung, die endgültige Entscheidung über Krieg oder Frieden am 25. November zu treffen. Drei Tage zuvor sammelte sich der Kampfverband, der Pearl Harbor angreifen sollte, in der Tankan-Bucht auf den Kurilen, während General Tojo die Zweifelnden mit dem Ausruf ermunterte, „statt auf die Vernichtung zu warten, wäre es besser, dem Tod ins Angesicht zu blicken, indem man den Einschließungsring durchbricht, um eine Existenzmöglichkeit zu finden".

Von den Engländern und Amerikanern war bekannt, daß sie die Besatzungen ihrer überseeischen Stützpunkte verstärkten, und die Auswirkungen des Ölembargos machten sich jetzt gravierend bemerkbar. Am 26. November übermittelten die Amerikaner schließlich einen fast ultimativen Zehnpunkteplan, in dem sie beispielsweise einen japanischen Rückzug aus China forderten, als Antwort auf die japanischen Verständigungsvorschläge.

Nun wußten beide Seiten (denn die Amerikaner lasen den diplomatischen Funkverkehr der Japaner mit), daß das Ende nahe war. Am nächsten Tag übermittelte Amerika seinen Kommandeuren im Pazifik über Funk eine „Kriegswarnung". Schon zuvor war der Pearl-Harbor-Kampfverband einsatzbereit ausgelaufen, obwohl die Alliierten noch immer nichts von seiner Existenz ahnten.

Auf einer am 27. November in Tokio stattfindenden Konferenz fiel die Entscheidung, die Kriegsvorbereitungen planmäßig fortzusetzen. Der japanische Botschafter in Washington wurde informiert, die Gespräche würden „de facto" abgebrochen, aber er erhielt den Auftrag, nicht den Eindruck zu erwecken, als seien die Verhandlungen zu Ende. Eine kaiserliche Konferenz, die am 1. Dezember im Beisein des Tenno stattfand, bestätigte diese Entscheidungen lediglich. Die Befehlshaber der Invasionstruppen wurden unterrichtet, daß der Krieg am 8. Dezember (Tokioter Zeit) beginnen werde. (Zeitangaben werden durch die internationale Datumsgrenze kompliziert, denn Sonntag, der 7. Dezember in Washington und Hawaii war Montag, der 8. Dezember in Tokio und Malaya. Auch die Unterschiede zwischen den Zeitzonen waren beträchtlich, da die ersten Angriffe in einem riesengroßen Operationsgebiet stattfanden. Angegriffen wurde jeweils am frühen Morgen zwischen 5.15 und 7 Uhr – außer in Hongkong, wo der japanische Angriff um 11.30 Uhr erfolgte.)

Den Deutschen und Italienern wurden ziemlich klare Andeutungen über die bevorstehenden Angriffe gemacht, auf die sie mit der Versicherung reagierten, dann ebenfalls in den Krieg gegen die Vereinigten Staaten einzutreten. Entschlüsselte Meldungen zeigten, daß die meisten Angehörigen der japanischen Botschaft in Washington Befehl erhalten hatten, in die Heimat zurückzukehren, und daß die Schlüsselunterlagen vernichtet werden sollten. Am 4. Dezember ging aus Japan der Funkspruch „Ostwind Regen" ein, der den unmittelbar bevorstehenden Abbruch der diplomatischen Beziehungen zu Amerika ankündigte, und der englische Nachrichtendienst meldete am 6. Dezember, daß große, von Kriegsschiffen gesicherte Geleitzüge nach Süden liefen. Die Würfel waren offenbar gefallen. Nun blieb nur noch abzuwarten, wo die Japaner zuschlagen würden.

Zuvor blieb noch Zeit für ein letztes Manöver. Obwohl die Generale und Admirale sichergehen wollten, daß der Angriff völlig überraschend kam, plädierte der japanische Außenminister für eine im voraus zu überreichende formelle Kriegserklärung. Schließlich einigte man sich auf einen Kompromiß: eine 14-Punkte-Erklärung als Antwort auf den amerikanischen Zehnpunkteplan, die am 7. Dezember um 13 Uhr (Ortszeit) im Washingtoner Außenministerium übergeben werden sollte (7.30 Uhr Ortszeit Hawaii). Bis diese Note verlesen war, würden die japanischen Flugzeuge bereits über Pearl Harbor sein. Aber dieser Versuch, sich an diplomatische Gepflogenheiten zu halten, schlug fehl. Wegen der Länge der Erklärung und des Zeitbedarfs für die Entschlüsselung in der japanischen Botschaft hatte der Überfall auf die amerikanische Flotte bereits begonnen, bevor die japanischen Unterhändler mit Außenminister Hull zusammentrafen. Japan, das sich durch das Völkerrecht nicht von militärisch notwendigen Maßnahmen abhalten ließ, hatte es wieder einmal mißachtet, obwohl es heuchlerisch versucht hatte, gerade noch innerhalb völkerrechtlicher Grenzen zu bleiben. Das war zweifellos der erste japanische Mißerfolg in diesem Kampf im Pazifik.

Pearl Harbor

Das Interessanteste an dem japanischen Überfall auf Pearl Harbor, dem berühmtesten Überraschungsangriff der Neuzeit, ist die Tatsache, daß dieser Plan erst vor einem Jahr ausgearbeitet und vom Admiralstab nur fünf Wochen vor Angriffsbeginn gebilligt worden war. Im Krieg ist das jedoch nichts Ungewöhnliches; rasch improvisierte Pläne sind oft am erfolgreichsten, während langfristige Pläne erstarren und veralten können. Beweglichkeit ist die erste Voraussetzung für erfolgreiche Kommandeure und Streitkräfte.

Bis Anfang 1941 war der japanische Plan für den Fall eines Krieges gegen die Vereinigten Staaten dem amerikanischen eigenartig ähnlich. Beide Mächte gingen von einem anfänglichen japanischen Vorstoß zur Eroberung der Philippinen aus, dem eine große Seeschlacht im West- und Mittelpazifik folgen würde, sobald die amerikanische Flotte dieses Gebiet erreichte. Die japanische Marine hatte sich seit vielen Jahren auf diesen Zusammenstoß vorbereitet und war überzeugt, daß ihre gigantischen Schlachtschiffe der *Yamato*-Klasse der amerikanischen Pazifikflotte überlegen sein würden. Ihre Admirale hofften auf ein zweites, noch größeres Tsuschima, ein Trafalgar im Pazifik. Selbst die lehrreichen Ereignisse vor Norwegen, Dünkirchen und Kreta hatten sie nicht davon überzeugen können, daß die große Zeit der

Schlachtschiffe vorüber war; tatsächlich blieb ihre Überzeugung, solche Schiffe seien der wahre Kern der Flotte, bis zur Schlacht um den Leyte-Golf ungebrochen.

Ein Mann teilte diese Auffassung jedoch nicht mehr: Admiral Isoruku Yamamoto, der im August 1939 zum Oberbefehlshaber der japanischen Kombinierten Flotte ernannt wurde. Als intelligenter und weitblickender Führer mißbilligte Yamamoto eine aggressive Expansion in Asien, und seine in den Vereinigten Staaten gemachten Erfahrungen bewirkten, daß er großen Respekt vor dem amerikanischen Kriegspotential hatte. Aber er glaubte auch an Japans „offenkundigen Schicksalsauftrag" im Fernen Osten und war sich darüber im klaren, daß er nur erfüllt werden konnte, wenn der amerikanische Einfluß in diesem Gebiet völlig zurückgedrängt wurde. Außerdem widersprach es Yamamotos tatkräftigem Charakter, auf den Angriff der amerikanischen Flotte warten zu müssen: Seiner Überzeugung nach war es besser, zuerst und schnell zuzuschlagen, wie es Nelson in Kopenhagen und Togo in Port Arthur getan hatten.

Noch wichtiger war jedoch, daß Yamamoto den Wert des Schlachtschiffs im modernen Seekrieg anzweifelte. Er war selbst Kommandant des Flugzeugträgers *Akagi* gewesen und hatte eine wichtige Rolle beim Aufbau der japanischen Marinefliegerei gespielt. Yamamoto forderte ständig den Bau weiterer Flugzeugträger und trat dafür ein, feindliche Schiffe nach Möglichkeit stets von Trägerflugzeugen angreifen zu lassen. Schon wenige Monate nach seiner Ernennung zum Oberbefehlshaber der Kombinierten Flotte spielte er mit dem Gedanken, die amerikanische Pazifikflotte in Pearl Harbor mit einem einzigen Schlag zu vernichten, der Japan für seine Expansion nach Süden freie Hand geben würde. Yamamoto zog mehrere seiner Kollegen, die wie er für eine starke Trägerluftwaffe plädierten, ins Vertrauen und begann Anfang 1941, die Einzelheiten seines Plans zu entwickeln. Gleichzeitig wurden die japanischen Marineflieger intensiv ausgebildet, um den bevorstehenden Aufgaben gewachsen zu sein.

Großen Auftrieb erhielten diese Geheimpläne durch die Nachricht von dem erfolgreichen englischen Trägerangriff auf Tarent, bei dem im November 1940 drei italienische Schlachtschiffe durch nur 22 Swordfish-Torpedobomber des Flugzeugträgers *Illustrious* versenkt worden waren. Die Japaner informierten sich eifrig über die Einzelheiten dieses Angriffs und verdoppelten Tempo und Umfang ihrer Vorbereitungen. Obwohl Pearl Harbor noch geringere Wassertiefen als Tarent aufwies, war bekannt, daß die Engländer eine Methode entwickelt hatten, um auch in sehr seichtem Wasser Torpedos abwerfen zu können; ihr Geheimnis bestand aus hölzernen Flossen, mit denen die Torpedos ausgerüstet wurden, damit sie nicht aus dem Wasser sprangen oder auf Grund liefen. Außerdem wurden panzerbrechende Granaten der Kaliber 38,1 und 40,6 Zentimeter mit Leitflossen versehen, damit sie wie Bomben fielen. Nicht einmal die Decks eines Schlachtschiffs konnten solchen schweren Geschossen widerstehen. Auch die amerikanische Marine hatte den Angriff auf Tarent ausgewertet und sich Gedanken über die Verteidigung von Pearl Harbor gemacht, aber Admiral Kimmel, der Oberbefehlshaber der Pazifikflotte, hatte sich gegen die vorgeschlagene Anbringung von Torpedonetzen mit der Begründung ausgesprochen, sie würden den Bootsverkehr im Hafen behindern. Diese Entscheidung sollte er bald bereuen.

Etwa ab Mitte 1941 erreichten Yamamotos Pläne ein größeres Publikum; er hatte bereits den mürrischen Vizeadmiral Nagumo zum Befehlshaber der Kampfgruppe bestimmt, obwohl letzterer die Erfolgsaussichten eines so riskanten Unternehmens sehr skeptisch beurteilte. Anläßlich des alljährlich stattfindenden Seekriegsspiels in Tokio wurde der Angriffsplan im September den ranghöchsten Offizieren der Kaiserlichen Marine vorgestellt. Er rief augenblicklichen Widerspruch hervor – vor allem bei Angehörigen des Admiralstabs, die den von Yamamoto geplanten Überfall für unerträglich riskant hielten. Sie zogen es vor, statt dessen bei der ursprünglichen Strategie zu bleiben, die den Flugzeugträgern eine untergeordnete Rolle zuwies. Bei dieser Gelegenheit wurde noch keine Entscheidung getroffen, und die Diskussion ging in den oberen Rängen der japanischen Marine weiter.

Am 25. November 1941 konfrontierte Yamamoto den Admiralstab mit einem Ultimatum: Er drohte mit seinem Rücktritt und dem seines Stabes, falls der Angriffsplan nicht angenommen werde. Angesichts dieser krassen Alternativen verstummten die Gegner eines Überfalls auf Pearl Harbor.

Inzwischen waren die letzten Vorbereitungen abgeschlossen worden. Drei Routen zu den Hawaii-Inseln waren untersucht worden: eine südliche über die Marshall-Inseln, eine mittlere über Midway und eine nördli-

Rekrutierungsbüro in Singapur; die Verteidigungskräfte bestanden hauptsächlich aus Einheimischen oder Indern

Das Kairyu-U-Boot hatte zwei Mann Besatzung und trug fünf unbemannte Kleinst-U-Boote

Das Wrack der *Arizona;* nach einem Treffer im Magazin sank es mit über 1000 Mann

Massengrab beim Kanioke-Flugplatz für die gefallenen Amerikaner

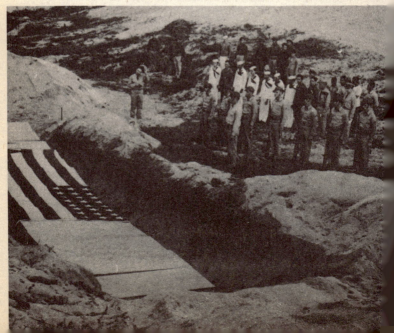

che. Obwohl auf der dritten mit schwerem Seegang zu rechnen war und die Geleitzerstörer zweimal würden betankt werden müssen, wurde schließlich die nördliche Route gewählt. Es kam vor allem darauf an, daß die Kampfgruppe nicht vorzeitig gesichtet wurde, und die beiden anderen Routen führten durch Gebiete mit regem Schiffsverkehr und Seegebiete, die von auf Hawaii stationierten Aufklärern, deren Reichweite erst vor kurzem von 300 Kilometern auf 1000 Kilometer vergrößert worden war, überwacht wurden. Schlechtes Wetter auf der Nordroute konnte die Zerstörer zur Umkehr zwingen, aber die Gefahr, entdeckt zu werden, war bei schlechtem Wetter noch geringer. Vorausgeschickte Sicherungskräfte konnten etwa vorbeikommende Schiffe versenken, falls es sich um englische, amerikanische oder holländische Schiffe handelte, oder an der Weiterfahrt hindern, falls es Schiffe neutraler Mächte waren.

Auch der Angriffstag war unterdessen festgelegt worden. Da Admiral Kimmel seine Flotte übers Wochenende stets im Hafen versammelte, war damit zu rechnen, daß sie an einem Sonntagmorgen vermutlich vollzählig in Pearl Harbor liegen würde, nur halb bemannt und nicht kampfbereit. Der Angriff durfte aus mehreren Gründen nicht später als Mitte Dezember erfolgen. Die Treibstoffknappheit Japans duldete keinen längeren Aufschub. Bis dahin begann der mandschurische Winter, der die jetzt geschwächte Kwantung-Armee vor einem Überraschungsangriff schützen würde; nach diesem Zeitpunkt würde der Monsun seinen Höhepunkt erreichen und Landungsunternehmen in Malaya und auf den Philippinen verhindern. Sonntag, der 7. Dezember

(Hawaii-Zeit), schien ideal zu sein, denn die Nacht davor war eine Neumondnacht, und die Gezeiten waren für die Landungen in Malaya und Siam günstig.

Dieser Tag wäre auch für ein Landungsunternehmen auf den Hawaii-Inseln günstig gewesen, aber der Gedanke daran wurde nicht weiterverfolgt. Alle Truppen und Truppentransporter wurden anderswo benötigt, und zur Besetzung der Inselgruppe wäre eine gewaltige Streitmacht notwendig gewesen – allein auf Oahu waren schätzungsweise 43 000 amerikanische Soldaten stationiert. Ein so großer Geleitzug wäre höchstwahrscheinlich entdeckt worden, da er nicht auf der stürmischen Nordroute hätte marschieren können. Die einzigen weiteren japanischen Einheiten, die den Schlag gegen Pearl Harbor führen würden, waren fünf Kleinst-U-Boote mit jeweils zwei Mann Besatzung, die sich opfern wollten, um amerikanische Kriegsschiffe im Hafen zu torpedieren.

Diese Selbstmord-Fahrzeuge wurden am 19. November in dem Marinestützpunkt Kure auf fünf von insgesamt 27 großen U-Booten der I-Klasse verladen, die vor Pearl Harbor patrouillieren sollten. Sieben Tage später lief Nagumos Schneller Trägerverband aus der Tankan-Bucht auf den nördlichen Kurilen aus; ihre Marschgeschwindigkeit betrug 13 Knoten, und die Schiffe hielten strikte Funkstille.

Für das geplante Unternehmen verfügte Vizeadmiral Nagumo über die sechs großen Flugzeugträger *Akagi, Kaga, Shokaku, Zuikaku, Hiryu* und *Soryu* mit insgesamt 423 Flugzeugen. Davon sollten 360 Maschinen den Angriff auf Pearl Harbor fliegen: 81 Jäger, 135 Sturzkampfbomber, 104 Horizontalbomber und 40 Torpedobomber. Die Flugzeugträger wurden von den beiden Schlachtschiffen *Hiei* und *Kirishima*, drei schweren Kreuzern, neun Zerstörern und drei U-Booten gesichert. Begleitet wurde der Verband von acht Tankern. Die Hauptziele der Bomber waren der Bedeutung nach geordnet: die amerikanischen Flugzeugträger (möglicherweise vier, aber mindestens zwei), die Pazifikflotte mit acht bis neun Großkampfschiffen, die Öltanks und andere Hafeneinrichtungen sowie die Flugzeuge auf den Militärflugplätzen Wheeler Field, Hickam Field und Bellows Field. Würden alle diese Ziele getroffen, wäre Japans Überlegenheit im Westpazifik gesichert.

Unterdessen kam der kritische Punkt näher. Am 2. Dezember (nach der Kaiserlichen Konferenz am Vortag) wurde der Angriffsentschluß bestätigt. Die Schiffe fuhren mit abgeblendeten Lichtern. Für ihre Besatzungen wurde erhöhte Alarmbereitschaft befohlen. Bei schwerer See gingen mehrere Matrosen über Bord, aber für Rettungsmanöver war keine Zeit. Am 4. Dezember wurde die Fahrt auf 25 Knoten erhöht, obwohl dadurch das Kollisionsrisiko im Nebel wuchs. Aus dem japanischen Konsulat in Honolulu schickte Vizekonsul Yoschikawa einen stetigen Strom von Informationen über amerikanische Schiffsbewegungen, die über Tokio an Nagumo weitergeleitet wurden.

Am Freitag, dem 6. Dezember (nach Hawaii-Zeit am 5. Dezember), um Mitternacht war die Kampfgruppe noch immer unentdeckt, und der Admiral entschied sich endgültig für den Angriff: Jetzt gab es kein Zurück mehr. Beunruhigend war lediglich, daß die amerikanischen

Flugzeugträger noch am Samstagabend nicht wieder in Pearl Harbor eingelaufen waren. Allerdings blieb jetzt nichts anderes übrig, als zu hoffen, daß die fehlenden Schiffe bis zum nächsten Morgen zurückkommen würden.

Fünfzehn Stunden vor Angriffsbeginn lief Nagumos Kampfgruppe mit Höchstfahrt nach Süden auf die Hawaii-Inseln zu. Die *Akagi* hatte die berühmte Kriegsflagge mit der aufgehenden Sonne gesetzt, unter der Togo bei Tsuschima gekämpft hatte. Botschaften des Kaisers und Yamamotos wurden verlesen und Trinksprüche ausgebracht. Dann trafen die Besatzungen ihre letzten Vorbereitungen und warteten gespannt auf den Anbruch des nächsten Tages. Schon zuvor hatte Nagumo, dem es um weitere Informationen ging, beschlossen, die Entdeckung der Kampfgruppe zu riskieren und zwei Aufklärer starten zu lassen von denen jedoch keine Meldungen eingingen. Pünktlich um 6.15 Uhr startete 275 Seemeilen vor Pearl Harbor die erste Maschine vom Flugdeck der *Akagi*; ihr folgten weitere 182 Flugzeuge dieser ersten Angriffswelle. Die Würfel waren gefallen. Nagumo und seine Offiziere konnten nur mehr nervös warten, ob die Flieger ihre Chance nützen und Geschichte machen würden.

Was war inzwischen auf amerikanischer Seite passiert? Wie zuvor erwähnt, konnte Washington den Funkverkehr der japanischen Botschaft mitlesen und war sich darüber im klaren, daß die Dinge seit dem 29. November in Bewegung geraten waren: Die Aufforderung, einen Teil des Botschaftspersonals abzuziehen und alle Schlüsselunterlagen zu vernichten, bewies eindeutig, daß der

Kriegsausbruch nur noch eine Frage von Tagen war. Meldungen über den 6. Dezember im Südchinesischen Meer gesichtete Truppentransporter deuteten auf japanische Angriffe am 7. oder 8. Dezember hin. In den entschlüsselten diplomatischen Mitteilungen war jedoch nie von einem Schlag gegen Pearl Harbor die Rede, und obwohl die Amerikaner offenbar mit Angriffen auf Thailand, Malaya oder die Philippinen rechneten, trauten sie den Japanern anscheinend keinen Überfall auf Pearl Harbor zu. Außerdem waren die entschlüsselten Nachrichten nur den Spitzen der Geheimdienste und Ministern zugänglich – in Pearl Harbor bekam sie niemand zu sehen – und enthielten einen Wust von diplomatischen Meldungen und Weisungen, die in ganz Asien und der westlichen Hemisphäre aufgefangen worden waren. Die übertriebene Geheimhaltung und die Verzögerungen bei der Entschlüsselung so vieler Funksprüche hinderten die Amerikaner unweigerlich daran, diesen gewaltigen Vorteil ganz auszunützen.

Andererseits hatten inoffizielle diplomatische Quellen Andeutungen über einen möglichen Angriff auf Pearl Harbor gemacht, und mehrere dortige Kommandeure hatten die Besorgnis geäußert, unvorbereitet überfallen zu werden, aber diese Vorstellung war vom amerikanischen Nachrichtendienst als „phantastisch" abgetan worden. Außerdem war das japanische Konsulat in Honolulu am 24. September 1941 angewiesen worden, alle Beobachtungen über die amerikanischen Kriegsschiffe in Pearl Harbor zu melden – offenbar zur Vorbereitung des von Yamamoto geplanten Luftangriffs. Aber dies wurde von den Amerikanern ignoriert.

Ebenfalls unbeachtet blieb die Meldung des Passagierdampfers *Lurline*, ihr Funkoffizier habe in den ersten Dezembertagen bruchstückhafte Langwellensignale eines nach Hawaii marschierenden Verbandes aufgefangen. Tatsächlich bot sich nur noch eine Möglichkeit, Admiral Kimmel und General Short zu warnen: Nachdem die Entschlüßler in Washington gemeldet hatten, daß die endgültige japanische Antwort am 7. Dezember um 13 Uhr (bei Tagesanbruch in Honolulu) überreicht werden solle, warnte General Marshall die Philippinen, San Francisco, Panama und Pearl Harbor, zu diesem Zeitpunkt „entsprechend alarmbereit zu sein". Eine Anhäufung unglücklicher Zufälle bewirkte jedoch, daß diese Warnung als gewöhnliches Telegramm hinausging, das in Honolulu sogar von einem radfahrenden Telegrammboten zugestellt wurde; bis es Kimmel erreichte, war seine Schlachtflotte vernichtet worden, und Nagumos Kampfgruppe lief nach Westen ab.

Am frühen Sonntagmorgen herrschte deshalb in Pearl Harbor keineswegs Alarmstimmung, sondern die dortige Atmosphäre ließ durchaus nicht darauf schließen, daß die japanisch-amerikanischen Beziehungen vor einer Krise standen. Das erste Anzeichen dafür, daß Außergewöhnliches bevorstand, war die Sichtung eines Kleinst-U-Boots gegen 3.45 Uhr durch einen amerikanischen Minensucher; um 6.30 Uhr wurde ein weiteres gesichtet und von Wachzerstörern angegriffen, aber es dauerte noch fast eine Stunde, bis diese Meldung die Runde machte – und auch dann nur innerhalb der U.S. Navy.

Um 7.02 Uhr ortete eine Radarstation in Opana auf Oahu jedoch einen großen Verband von Flugzeugen (seine Stärke wurde auf über 100 Maschinen geschätzt), der die Insel von Norden anflog, aber der unerfahrene Offizier im Informationszentrum deutete ihn als eine Staffel B-17, die aus Kalifornien erwartet wurde – obwohl nur zwölf Bomber angemeldet waren, die aus Osten gekommen wären! Damit war die letzte Chance verspielt, Pearl Harbor vor dem Angriff zu alarmieren.

Um 7.50 Uhr überflogen die japanischen Piloten, die ihren Augen nicht recht trauen wollten, die Insel Oahu: Sie waren weder auf feindliche Flugzeuge gestoßen noch von amerikanischer Flak beschossen worden. Unter ihnen wirkte alles friedlich, und die Schlachtschiffe lagen in doppelter Reihe vor Ford Island in der Mitte von Pearl Harbor. Die Überraschung war bis zuletzt vollständig. Der Geschwaderkommandeur, Fregattenkapitän Mitsuo Fuchida meldete Nagumo diese Tatsache durch die Deckworte „Tora, Tora, Tora", bevor er die Maschinen der ersten Welle zum Angriff einwies.

Jäger, Sturzkampfbomber, Torpedobomber und Horizontalbomber flogen ihre jeweiligen Ziele an. Die großen Flugplätze Wheeler Field und Hickam Field, auf denen Jäger und Bomber in endlosen Reihen standen, wurden von herabstoßenden „Zeros" und „Vals" (Aichi D3A2) mit Bordwaffen beschossen und bombardiert. Flugzeughallen und Unterkünfte, Flugzeuge und Fahrzeuge wurden vernichtet, wobei Hunderte von amerikanischen Soldaten den Tod fanden.

Kurz vor 8.00 Uhr wurde Alarm gegeben: „Luftangriff Pearl Harbor! Dies ist keine Übung!" Der Alarm kam jedoch zu spät, so daß nur sehr wenige Jäger starten und die Angreifer in Luftkämpfe verwickeln konnten. Auch auf den anderen Flugplätzen brachten die auf nur schwache Gegenwehr stoßenden japanischen Angreifer Tod und Zerstörung.

Das Zentrum der Angriffe lag vor Ford Island entlang der sogenannten Battleship Row, wo der Stolz der amerikanischen Pazifikflotte lag. Kurz nach 8.00 Uhr flogen die japanischen „Kate"-Torpedobomber (Nakjima B5N2) dicht über dem Wasser an und warfen ihre todbringenden Torpedos ab. Da keine Schutznetze ausgespannt waren, weil Kimmel sie für hinderlich gehalten hatte, waren die japanischen Torpedos schrecklich wirksam. Die Schlachtschiffe in der äußeren Reihe – *Oklahoma, West Virginia* und *California* – wurden fast augenblicklich getroffen und bekamen Schlagseite. Die „Kates" der beiden nächsten Wellen trafen die Kreuzer *Helena* und *Raleigh*, den Minenleger *Oglala* und das Zielschiff *Utah*. Unterdessen stürzten sich auch die Sturzkampfbomber auf diese hilflosen Ziele. Das Schlachtschiff *Arizona* flog nach einem Treffer im vorderen Magazin mit ohrenbetäubendem Krach in die Luft, während andere Schiffe schwer beschädigt wurden. Fuchidas eigene Horizontalbomber hatten ihren Angriff begonnen und belegten die massierten Ziele nacheinander mit Bomben. In Pearl Harbor herrschte unvollstellbares Chaos: Der Hafen war voller brennender Schiffe mit schwerer Schlagseite, ins Ziel stürzender Flugzeuge und weißer Sprengwolken von Flakgranaten.

Um 8.25 Uhr, als die erste Welle japanischer Flugzeuge eben abflog, erschienen die 170 Maschinen der zweiten Welle: 54 Bomber, 80 Stukas und 36 Jäger. Obwohl das Überraschungsmoment natürlich verloren war und die überall aufsteigenden schwarzen Rauchwolken die Verteidiger in gewissem Maße begünstigten, waren die Amerikaner kaum imstande, so viele Angreifer auf einmal abzuwehren. Nur einige wenige ihrer Jäger waren in die Luft gekommen, und das Flakfeuer der Heereseinheiten erwies sich als wenig wirksam. Nur die Kriegsschiffe selbst empfingen die Angreifer mit starkem Abwehrfeuer. Tatsächlich gelang es ihnen, 20 feindliche Flugzeuge abzuschießen, während die Verluste der ersten Welle weniger als die Hälfte dieser Zahl betragen hatten. Aber dieser Preis lohnte sich, denn im Hafen lagen noch viele verlockende Ziele.

Der Versuch des Schlachtschiffs *Nevada*, aus der Reihe brennender Schiffe freizukommen, erregte die Aufmerksamkeit der Japaner, und das Schiff erhielt zahlreiche Treffer, bevor es am Rand der Hauptfahrrinne auf Grund lief. Die Werftanlagen wurden schwer bombardiert; zu den dort getroffenen Schiffen gehörte das Flottenflaggschiff *Pennsylvania*.

Um 9.45 Uhr war jedoch alles vorbei, und die Amerikaner konnten sich darauf konzentrieren, die Brände zu löschen und möglichst viele ihrer angeschlagenen Schiffe zu retten. Aber sie fürchteten einen dritten Angriff oder eine Invasion so sehr, daß das Kriegsrecht ausgerufen, volle Alarmbereitschaft befohlen und mehrere Maschinen, die vormittags von dem amerikanischen Flugzeugträger *Enterprise* herüberkamen, irrtümlich abgeschossen wurden.

Aber es kam zu keiner Invasion oder auch nur zu einem dritten Luftangriff. Obwohl Fuchida auf einen weiteren Angriff drängte, ging es Naguma nach der

Erfüllung seines Auftrages nur noch darum, den Rückmarsch anzutreten. Die Trägerkampfgruppe drehte um 13.30 Uhr nach Norden ab – mit Ausnahme der Flugzeugträger *Soryu* und *Hiryu,* die mit ihrem Geleit zur Unterstützung der Invasion auf der Insel Wake (wo amerikanische Marineinfanteristen die Angriffe der drückend überlegenen Japaner bis zum 23. Dezember zurückschlugen) entsandt wurden. Am 24. Dezember liefen Nagumos Schiffe in japanische Häfen ein, wo sie mit Jubel begrüßt wurden. Fuchida und seine Kameraden waren über Nacht zu Nationalhelden geworden. Sie hatten Japans Ehre und seinen Ruf als Nation von Kriegern gewahrt; sie hatten es Admiral Togo gleichgetan oder ihn sogar übertroffen; sie hatten ihrem Vaterland den Sieg gesichert.

Oder vielleicht doch nicht? Der geglückte Überfall auf Pearl Harbor brachte Japan zweifellos große Vorteile. Die amerikanische Pazifikflotte war völlig ausgeschaltet worden. Die Schlachtschiffe *Arizona, Oklahoma, West Virginia* und *California* waren versenkt worden, die *Nevada* hatte auf Grund gesetzt werden müssen, und *Maryland, Tennessee* und *Pennsylvania* waren beschädigt (allerdings erwiesen sich nur die Schlachtschiffe *Arizona* und *Oklahoma* als Totalverluste). Das Zielschiff *Utah* und der Minenleger *Oglala* waren versenkt worden. Drei Kreuzer, drei Zerstörer, ein Werkstattschiff und ein Flugzeugtender hatten schwere Beschädigungen davongetragen. Zu den 188 vernichteten Flugzeugen kamen zahllose beschädigte Maschinen. Über 2400 Amerikaner waren gefallen. Im Gegensatz dazu verloren die Japaner weniger als 100 Mann und ganze 29 Flugzeuge. Ihre fünf

Kleinst-U-Boote, die selbst während der Luftangriffe erfolglos blieben, gingen alle verloren.

Im weiteren Bereich sicherte der Überfall die für Japan wichtigen Unternehmen im Süden, für die jetzt keine Störung durch die amerikanische Pazifikflotte mehr zu befürchten war. Außerdem konnte Nagumos Kampfgruppe nun gegen Java oder Ceylon eingesetzt werden, ohne ihre Ostflanke schützen zu müssen. Und schließlich bekam Japan durch die Vernichtung der amerikanischen Pazifikflotte die Chance, die „Festung Nippon" so stark auszubauen, daß sie allen Gegenangriffen würde widerstehen können.

Trotzdem war der Angriff auf Pearl Harbor kein vollständiger Erfolg gewesen. Das hatte auch Fuchida erkannt und deshalb bei dem unnachgiebigen Nagumo auf einen dritten Angriff gedrängt. Der Fregattenkapitän und Pilot erkante im Gegensatz zu seinem Admiral, daß der Flugzeugträger zur wichtigsten Waffe im Seekrieg geworden war und daß die amerikanischen Träger vernichtet werden mußten. (Die in den Gewässern vor Hawaii kreuzende *Enterprise* war übrigens nur knapp der Vernichtung entgangen.)

Daß die Flugzeugträger nicht angetroffen worden waren, war in der Tat ein schwerer Schlag, wie Yamamoto ganz richtig erfaßte, als ihm das gemeldet wurde. Außerdem ließe sich die Behauptung aufstellen, durch die Vernichtung ihrer Schlachtschiffe sei die U.S. Navy vorzeitig gezwungen worden, die Flugzeugträger zum Rückgrat ihrer Pazifikflotte zu machen – mit spektakulären Folgen. Dazu kam, daß die wichtigen Treibstofflager und Werftanlagen zum größten Teil unbeschädigt geblieben waren. Wären sie ebenfalls zerstört worden, hätte die Pazifikflotte bestimmt von Kalifornien aus operieren müssen. Trotz der dafür notwendigen großen Invasionsstreitmacht wäre die Besetzung der Hawaii-Inseln für Japan noch günstiger gewesen. Dadurch wäre die amerikanische Gegenoffensive um Jahre hinausgezögert worden, und Japan hätte Südostasien nach Belieben besetzen und ausbeuten können.

Eine für Japan ungünstige letzte Konsequenz hatte der Angriff auf dem politischen Sektor. Roosevelt hatte stetig versucht, den Engländern in Europa mehr Hilfe zu gewähren und im Fernen Osten energisch aufzutreten, aber die isolationistisch gestimmte amerikanische Öffentlichkeit hatte ihn in beiden Fällen gehindert. Der japanische Überfall, dem Hitlers Kriegserklärung an die Vereinigten Staaten folgte, löste Roosevelts Probleme. Durch die Niedertracht ihrer Gegner angestachelt, traten der amerikanische Kongreß und das amerikanische Volk mit geeintem Siegeswillen in diesen Krieg ein, um ihn ohne Rücksicht auf Verluste zu gewinnen, und das gigantische Industriepotential Amerikas wurde bald diesem einzigen Ziel nutzbar gemacht.

So war es kein Wunder, daß Winston Churchill am Abend des 7. Dezember zu Bett ging „und den Schlaf der Geretteten und der Dankbaren schlief", wie es andererseits kein Wunder war, daß der weitblickende Yamamoto sich bereits fragte, wie lange Japans Siegesserie anhalten würde.

Hongkong, Malaya und Singapur

Die Insel Hongkong und die auf dem Festland zu ihr gehörenden Territorien bilden die berühmte englische Kronkolonie und einen der großen Welthäfen, aber in den dreißiger Jahren sah London klugerweise ein, daß Hongkong sich für den Fall eines Krieges gegen einen so mächtigen Gegner wie Japan nicht als Stützpunkt eignete. Die Kronkolonie war zu klein, um über längere Zeit hinweg verteidigt werden zu können, beherbergte etwa 1,75 Millionen Zivilisten und bezog über die Hälfte seines Trink- und Brauchwassers vom Festland. Außerdem war die Kolonie seit Februar 1939 von japanischen Truppen eingeschlossen, die große Teile der chinesischen Küste besetzt hielten, um Tschiang Kai-scheks Nachschublinien abzuschneiden. Dazu kam, daß Hongkong zu weit von Singapur entfernt war, als daß von dort sofort Hilfe hätte kommen können, und im Aktionsbereich der auf Formosa stationierten japanischen Bomber lag. Aber trotz dieser schlechten Ausgangslage hofften die Engländer – hauptsächlich aus Prestigegründen –, daß die Kronkolonie imstande sein werde, sich etwa 90 Tage lang zu halten, bis Verstärkung eintreffen konnte. Deshalb wurden weitere zwei kanadische Bataillone nach Hongkong verlegt, um die dort stationierten vier Bataillone zu verstärken. Im Jahre 1941 konnten jedoch nur die größten Optimisten glauben, daß die eingeplanten Verstärkungen im Kriegsfall tatsächlich nach Hongkong gelangen würden.

Generalleutnant Maltby, der Garnisonskommandeur, hatte sich vorgenommen, die Stellungen auf dem Festland entlang der halb ausgebauten Gidrinkers-Linie zu halten, bis die Hafeneinrichtungen zerstört sein würden. Dann wollte er sich mit seinen Truppen auf die Insel zurückziehen, um der Belagerung zu trotzen. Aber dieses Vorhaben erwies sich schon wenige Tage nach Kriegsausbruch als undurchführbar. Schon am Morgen des 8. Dezember (des 7. Dezember in Hawaii) vernichteten japanische Bomber die wenigen RAF-Maschinen, und japanische Truppen überschritten die Grenzen der Kronkolonie. General Sanos 38. Division hatte den Auftrag, Hongkong zu erobern, und ihr Kommandeur war entschlossen, ihn so schnell wie möglich auszuführen. Die Japaner waren zahlenmäßig überlegen, aber vermutlich noch wichtiger waren ihre absolute Luftüberlegenheit und die starke Artillerie- und Granatwerferunterstützung. Am 9. Dezember wurden die Engländer auf die Gidrinkers-Linie zurückgedrängt, und am frühen Morgen des nächsten Tages wurde das wichtige Fort Sching Man von japanischen Truppen unter Führung von Oberst Doi genommen – ein Erfolg, der Sano ebenso wie Maltby überraschte. Nachdem ihre Verteidigungslinie durchbrochen war, zogen die Engländer sich hastig auf die Insel zurück, wo am 14. Dezember die letzten Truppenkontingente vom Festland eintrafen.

Da die Garnison auf alle bedrohten Fronten verteilt werden mußte (auch aus Süden drohte ein japanischer Angriff), bestand kaum eine Chance, einen energisch geführten Angriff gegen eine Flanke erfolgreich abzuwehren. In der Nacht vom 19. Dezember landeten alle drei Regimenter der 38. Division am Nordufer und stießen rasch zur Tiefwasserbucht im Süden vor. So wurde ein Keil zwischen die englischen Kräfte getrieben, die danach allmählich zurückgedrängt wurden. Am 25. Dezember kapitulierte der Westabschnitt; am nächsten Tag der Ostabschnitt. Die Japaner hatten 2754 Gefallene und Verwundete verloren, während die englischen Verluste bei etwa 4400 Mann lagen. Viel schlimmer war jedoch, daß die 11 848 Mann starke Garnison und die Kolonie selbst verloren waren – und das nach nur 18 Tagen statt der erhofften 90. Die Japaner waren selbstverständlich zahlenmäßig überlegen gewesen, hatten weit mehr Artillerie und Flugzeuge einsetzen können und waren zudem ortskundig gewesen, aber das Tempo dieses Vorstoßes ließ für die übrigen britischen Besitzungen im Fernen Osten Schlimmes befürchten.

Die wichtigsten dieser Besitzungen waren Malaya und Singapur: Malaya als einer der größten Gummi- und Zinnproduzenten der Welt; Singapur wegen seiner beherrschenden Lage an der Handelsroute vom Fernen Osten nach Indien und zum Westen. Beide Besitzungen waren nicht leicht zu verteidigen. Malaya wurde der Länge nach von einem mit Urwald bewachsenen Bergland durchzogen, das die langgestreckten Verteidigungslinien aufspaltete, und benötigte große Reisimporte, um seine über fünf Millionen Menschen ernähren zu können. Die Verteidigung Singapurs nach dem Fall von Malaya kam dem Versuch gleich, die Insel Wight zu halten, wenn der Gegner in Hampshire stand. Darauf war jedoch keine Rücksicht genommen worden, als der dortige große Marinestützpunkt in den Jahren nach 1924 ausgebaut worden war.

Da der Dschungel Malayas als ein für Invasionstruppen unüberwindbares Hindernis galt, wurde Singapur vor allem gegen einen Angriff von See aus befestigt, und diese Vorstellung blieb bis in die dreißiger Jahre hinein bestimmend. Unterdessen wurde jedoch klar, daß die große Flotte, für die der Stützpunkt ausgebaut worden war, wegen der verordneten Sparmaßnahmen und der wachsenden Bedrohung Englands in Europa gar nicht zur Verfügung stehen würde. Andererseits war zu hoffen, daß starke und straff geführte Luftstreitkräfte imstande sein würden, Malaya und Singapur zu halten, bis Entsatz aus der Heimat kam; zu diesem Zweck wurden entlang der Westküste der Halbinsel mehrere große Flugplätze angelegt, aber wie sich bald herausstellte, fehlten auch die erforderlichen Flugzeuge. Statt der mindestens 566 modernen Kampfflugzeuge, die von den dortigen Kommandeuren angefordert worden waren, waren dort bei Kriegsausbruch lediglich 158 neuere (aber trotzdem ziemlich mittelmäßige) Flugzeuge stationiert.

Die in Malaya stehenden Bodentruppen waren allerdings beträchtlich – etwa 31 Bataillone und Unterstützungseinheiten mit insgesamt 88 600 Mann –, aber der englische Oberbefehlshaber hatte weitere 17 Bataillone und zwei Panzerregimenter angefordert, um ein Minimum an Verteidigungsfähigkeit zu erreichen. Jedenfalls waren die meisten der dort stationierten Einheiten schlecht ausgerüstet und ungenügend für den Kampf im

Dschungel ausgebildet. Sie hatten keine Panzer, und ihr Oberbefehlshaber, General Percival, war für diesen verantwortungsvollen Posten weder erfahren noch energisch genug.

Außerdem geschah in Wirklichkeit folgendes: Bodentruppen verteidigten Flugplätze (auf denen keine Luftflotte stand), die erbaut worden waren, um einen Marinestützpunkt (in dem keine Schlachtflotte lag) zu verteidigen. Die Engländer hatten Einrichtungen geschaffen, die unter den herrschenden wirtschaftlichen und politischen Umständen für sie wertlos, aber für die Japaner von höchstem Wert waren und die durch einen entschlossen geführten Angriff leicht erobert werden konnten.

Obwohl Singapur theoretisch der wichtigste Stützpunkt außerhalb Großbritanniens war, wurde es nicht entsprechend berücksichtigt, und London hatte sich nach 1938 bewußt auf den Mittelmeerraum konzentriert, weil es hoffte, Japan werde im Fernen Osten keinen Krieg beginnen. Im Jahre 1941 erwies sich das als vergebliche Hoffnung, aber die Regierung Churchill war zu diesem Zeitpunkt schon zu sehr im Mittleren Osten engagiert, um Japan wirksam entgegentreten zu können.

Unterdessen waren die englischen Kommandeure in Malaya sich jedoch darüber im klaren, welche Gefahr ihnen durch eine Invasion aus Norden drohte, und Japans Einmarsch in Indochina erhöhte diese Besorgnis. An der Nordgrenze wurden Truppen stationiert, obwohl nur wenige der ranghöchsten Offiziere und keiner der Politiker glaubte, daß den Japanern im Ernst ein Vorstoß bis hinunter nach Singapur gelingen würde. Außerdem legten die englischen Truppen keine festen Stellungen an, denn sobald die Japaner angriffen, sollten sie nach Norden vorstoßen, um den wichtigen siamesischen Hafen Singora zu besetzen. Sehr zum Nachteil dieses Unternehmens *Matador* konnten die Japaner Südsiam von Indochina aus in 33 Stunden erreichen, während die Engländer 36 Stunden brauchen würden, um in Singora einzutreffen. Diese Strategie war also von Anfang an höchst zweifelhaft. Tatsächlich sorgte sie lediglich für großes Durcheinander bei den in Nordmalaya eingesetzten englischen Truppen.

Für die Japaner war die Besetzung Malayas und Singapurs von entscheidender Bedeutung. Damit verdrängten sie nicht nur die Engländer aus ihrer wichtigsten Position in Südostasien, sondern sicherten sich auch einen großen Stützpunkt und die dringend benötigten Rohstoffe Gummi und Zinn. Außerdem beherrschen sie von dort aus Niederländisch-Ostindien, das Zinn, Gummi und vor allem Erdöl liefern konnte. Deshalb war vorgesehen, Malaya mit drei Divisionen und den entsprechenden Unterstützungseinheiten zu überrennen, nachdem die Vorhut in Siam und Nordmalaya gelandet war.

Diese etwa 70 000 Mann starken Kampftruppen (bei einer Gesamtstärke von 110 000 Mann) wurden General Yamaschita unterstellt und als 25. Armee bezeichnet. Die drei Divisionen (die Kaiserliche Garde, die 5. und die 18. Division) waren die Elite des japanischen Heeres und erstklassig für Amphibienunternehmen und den Dschungelkrieg ausgebildet. Außerdem verfügten sie über 211 Panzer, während die Engländer keinen besaßen, und da die Eroberung Malayas so wichtig für den Fortgang der Operationen im Süden war, wurden Yamashita 560 Flugzeuge als Unterstützung zugewiesen. Selbstverständlich hing viel davon ab, wie schnell die Brückenköpfe ausgeweitet werden konnten, aber die Japaner konnten hoffen, daß der Monsun ihren Geleitzug mit den Truppentransportern tarnen und die Bewegungen der englischen Truppen behindern würde.

Wie sich zeigte, waren diese Erwartungen durchaus gerechtfertigt. Obwohl durch Luftaufklärung am 6. Dezember eine japanische Flotte im Golf von Siam festgestellt worden war, durfte das Unternehmen *Matador* erst anlaufen, wenn eine Landung stattgefunden hatte, die aber nicht beobachtet werden konnte, weil schlechtes Wetter den Geleitzug tarnte.

Japans Kriegseintritt begann (70 Minuten vor dem Überfall auf Pearl Harbor), als 5500 Soldaten am 8. Dezember um 0.45 Uhr Ortszeit in dem Hafen Kota Bharu in Nordmalaya an Land gingen. Zwei Stunden später gingen weitere Einheiten in Singora und Patani in Südsiam an Land und setzten zum Vorstoß nach Süden an. Unterdessen hatte die Kaiserliche Garde die siamesische Grenze von Indochina aus überschritten und veranlaßte die thailändische Regierung, sich auf die Seite Japans zu stellen. Obwohl die englische Luftwaffe Bombenangriffe flog und 800 indische Soldaten tapfere Gegenwehr leisteten, sicherten die Japaner sich bei Kota Bharu einen Brückenkopf und eroberten den in der Nähe liegenden Flugplatz.

Diese Entwicklung an der Ostküste sollte von der Westküste ablenken, wo die Japaner zum Hauptangriff antreten sollten. Die englische Kampfmoral war bereits durch die Luftangriffe auf Singapur und die Tatsache angeschlagen, daß das Unternehmen Matador nach einigen Tagen Wartezeit abgeblasen worden war.

Einen weit schwereren Schlag erhielt die englische Kampfmoral am 10. Dezember, als das Schlachtschiff *Prince of Wales* und der Schlachtkreuzer *Repulse* von japanischen Flugzeugen versenkt wurden. Die beiden Großkampfschiffe waren erst vor wenigen Tagen als „Sperrverband" im Fernen Osten eingetroffen, hatten diese Aufgabe jedoch offenbar nicht erfüllen können.

Wegen der kritischen Lage im Mittelmeerraum und nach Churchills Entscheidung gegen den Plan der Admiralität, einen Verband älterer Schlachtschiffe vor Ceylon zusammenzuziehen, waren zunächst keine weiteren Schiffe aus der Heimat zu erwarten. Außerdem besaß dieser modernere Verband, der als „Kampfgruppe Z" bekannt war und von Konteradmiral Tom Spencer Vaughan Phillips befehligt wurde, keinen Geleitflugzeugträger mehr, seitdem die *Formidable* auf Grund gelaufen war. Deshalb sollte die RAF den Schutz aus der Luft übernehmen, aber wir haben gesehen, wie knapp sie an Maschinen war. Als Phillips am 8. Dezember ankündigte, er werde auslaufen, um einen nach Singapur laufenden Geleitzug anzugreifen, mußte er feststellen, daß er nur mit wenig Jagdschutz rechnen konnte, weil alle Flugzeuge von den Plätzen im Norden abgezogen wurden.

Trotzdem lief die Kampfgruppe Z mit vier Geleitzerstörern aus. Nachdem sie am nächsten Tag von japanischen Flugzeugen gesichtet worden war, drehte Phillips nach Süden ab und wurde dann durch die Falschmeldung, bei Kuantan (Malaya) landeten Japaner, zu einem erneuten Kurswechsel veranlaßt. Seine Kursänderung blieb der RAF, aber nicht den Japanern verborgen, die eigens Torpedobomber nach Indochina überführt hatten, um diese Schiffe zu versenken. Am 10. Dezember kurz nach 11 Uhr griffen 51 Torpedoflieger und 34 Horizontalbomber, die von Flugplätzen bei Saigon aufgestiegen waren, die Kampfgruppe Z mit vernichtender Treffsicherheit an. Die beiden Großkampfschiffe wurden von Torpedos aufgerissen und sanken innerhalb weniger Stunden; von ihren 2921 Mann Besatzung wurden 2081 von den Zerstörern aufgenommen, Phillips ging mit der *Prince of Wales* unter. Eine Ironie des Schicksals wollte es, daß englische Jagdflugzeuge, die viel zu spät alarmiert worden waren, auf der Bildfläche erschienen, als die *Prince of Wales* eben sank. Bei eigenen Verlusten von nur drei Flugzeugen hatten die Japaner der Royal Navy und der englischen Kampfmoral im allgemeinen einen vernichtenden Schlag versetzt. Außerdem hatten sie – mehr noch als in Pearl Harbor – bewiesen, wie sehr Schlachtschiffe durch Luftangriffe gefährdet waren. Nun stand fest, daß die Zeit der Großkampfschiffe vorbei war.

Japan hatte in bemerkenswert kurzer Zeit die völlige Luft- und Seeherrschaft über und vor Malaya errungen, was die Aufgabe der Engländer, diesen Raum zu verteidigen, um so schwieriger machte. Sobald die wenigen noch verbliebenen Flugzeuge von den Plätzen im Norden abgezogen worden waren, gab es keinen Grund mehr, diese Gebiete zu halten. Die bessere

Ausrüstung und überlegene Taktik der Japaner zwangen die Engländer zu einem fast ununterbrochenen Rückzug, nachdem am 13. Dezember die Jitra-Stellung aufgegeben worden war.

Pionierbataillone setzten die von den Engländern gesprengten Brücken rasch wieder instand. Straßensperren wurden von japanischer Artillerie oder Panzern niedergekämpft (manche indische Soldaten hatten noch nie Panzer gesehen) oder von japanischer Infanterie durch den Dschungel umgangen. Umfassungsangriffe und nächtliche Angriffe im Monsunregen waren eine Spezialität der Japaner. Da den Engländern für den Dschungelkrieg ausgebildete Einheiten und Kommandeure, ausreichend Geschütze oder Flugzeuge und vor allem Panzer fehlten und sie ständig befürchten mußten, umgangen zu werden, zogen sie sich der Westküste entlang zurück, was wiederum dazu führte, daß die Kräfte an der Ostküste aus ganz Kelantan abgezogen wurden. Nach Jitra war versucht worden, die Flußstellungen am Perak zu halten, die aber bald umgangen worden waren, während die südlich davon liegende Kampar-Stellung aufgegeben werden mußte, als die Japaner mit erbeuteten kleinen Booten Truppen hinter der Front absetzten.

Als diese ersten Stellungen überrannt wurden, schickte England in größter Eile Verstärkungen nach Malaya und Ostindien. Aus dem Mittleren Osten kamen „Hurricanes", die sich aber als schwerfälliger als die japanischen „Zeros" erwiesen und ohnehin stets in der Minderzahl waren. In Singapur trafen Truppen aus Indien, Burma, Australien und dem Mittleren Osten ein.

Drei Brigaden wurden bis zum 25. Januar 1942 ausgeschifft, und aus Nordafrika sollten einige hervorragende australische Divisionen abgezogen werden; aber die ersten Verstärkungen taugten entweder nicht viel oder waren schlecht ausgerüstet.

Da alle diese Verstärkungen Stückwerk blieben, konnten sie keine Wende erzwingen: Die meisten von ihnen trafen erst so spät ein, daß sie nur die Zahl der in japanische Kriegsgefangenschaft gehenden Engländer vergrößerten. Zusätzlich zu diesen Truppenbewegungen war die Befehlsstruktur geändert worden, und der Kriegsschauplatz unterstand jetzt General Wavell, dessen ABDA (American, British, Dutch, Australian) Command ganz Südostasien umfaßte.

Wavell kannte Malaya jedoch nicht aus eigener Anschauung, und seine Anweisungen wurden auf einem komplizierten Dienstweg übermittelt – oft über Pownall, seinen Generalstabschef, Percival und dann die Befehlshaber der an der Ost- und Westküste kämpfenden Verbände. Die Kommunikation zwischen der Front und Singapur war schlecht.

Am 6. Januar hatten die Engländer Kuantan an der Ostküste geräumt und zogen sich weiter nach Süden zurück. Jenseits des Gebirgszuges wurde eine Flußstellung am Slim ausgebaut, damit die Flugplätze bei Kuala Lumpur und Port Swettenham nicht in die Hand des Gegners fielen. Nach sporadischen Erkundungsvorstößen durchbrachen japanische Panzer in der Nacht zum 8. Januar die Front und stießen 30 Kilometer weit bis zur Straßenbrücke über den Slim vor. Indem sie diese Stellung nahmen und hielten, erzielten sie nicht nur einen weiteren Einbruch, sondern verhinderten auch einen geordneten britischen Rückzug. Bei den Rückzugsgefechten verloren die Engländer 4000 Mann, und die indische 11. Division wurde zerschlagen.

Percivals Plan, den Mittelteil Malayas zu halten, war dadurch unausführbar geworden, und das Rückzugstempo hatte sich geändert. Tatsächlich beschleunigte es sich nach Wavells Frontbesuch am 8. Januar, weil er befahl, die Verteidigung auf Johore zu konzentrieren, wo die eingetroffenen Verstärkungen stationiert wurden. Aber in diesem Teil der Halbinsel läuft das Bergland allmählich aus, und die Japaner konnten zwei ihrer Divisionen auf besseren Straßen in Nordjohore zum Angriff einsetzen.

Die erbitterte australische Gegenwehr bei Gemma nützte nicht viel, weil ein japanisches Umgehungsmanöver an der Westküste am 16. Januar zum Fall von Muar und einer Schwächung der ganzen britischen Position führte. Als aus Singora weitere japanische Truppen (auf erbeuteten Lastwagen) eintrafen, wurde Bata Pahat aufgegeben, und die Garnison mußte sich durch den Dschungel zurückkämpfen, obwohl Teile über See evakuiert wurden. Aber die Materialverluste und vor allem die durch andauernde Rückzüge angeknackste Kampfmoral der Engländer und ihrer Verbündeten machten sich zusehends bemerkbar. Auch die japanische Luftherrschaft, der die wenigen RAF-Piloten nur eine mitleiderregende Tollkühnheit entgegenzusetzen hatten, zeigte allmählich Wirkung. Der schon fast fluchtartige Rückzug bewegte sich auf die brennenden Treibstofftanks der Insel Singapur zu.

Am 20. Januar war Wavell sich bereits darüber im klaren, daß ein Rückzug auf die Insel bevorstand, aber er war entsetzt über den Mangel an Verteidigungsanlagen und hatte gehofft, die Zeit, in der die Japaner in Johore aufgehalten wurden, für den Ausbau von Stellungen nutzen zu können. Gleichzeitig versuchte er, Churchill zu erklären, daß Singapur keine „Festung" sei und daß nur ein Wunder die nach Norden hin schutzlos daliegende Stadt retten könne. Das war offenbar eine völlige Überraschung für den Premierminister, der weiterhin darauf bestand, die Stadt müsse „bis zur letzten Patrone" verteidigt werden – offensichtlich in erster Linie aus Prestigegründen.

Singapur erhielt Verstärkungen, die jedoch zu spät kamen und zu desorganisiert waren, um viel nützen zu können. Weitere Truppen wurden nach Burma oder Niederländisch-Ostindien entsandt. Am 30. und 31. Januar verließen die letzten britischen Truppen das Festland und sprengten den Fahrdamm, ohne von den Japanern ernstlich behindert zu werden. Letztere hatten nur 54 Tage gebraucht, um Malaya mit all seinen Flugplätzen und Rohstoffen zu erobern. Tatsächlich wären die Angreifer wohl langsamer gewesen, wenn sie nicht so viele erbeutete Lastwagen, Fahrräder und Boote hätten benützen können. Sie hatten 4565 Gefallene und Verwundete verloren, während die britischen Verluste – hauptsächlich Gefangene – sich auf etwa 25 000 Mann und Unmengen von Material beliefen.

Da Malaya sich nun in der Hand des Gegners befand, war die Verteidigung Singapurs zu einem hoffnungslosen Unterfangen geworden. Angesichts der japanischen

Luftherrschaft, den knappen Wasser- und Lebensmittelvorräten, der zahlreichen Zivilbevölkerung der Stadt und der fehlenden Hoffnung auf Entsatz war die Lage aussichtslos, noch bevor der japanische Angriff begann. Percival unterstanden 85 000 Mann, die jedoch gänzlich unerfahren oder nach dem langen Rückzug erschöpft waren; ihm blieben nur wenige gute Einheiten. Außerdem war Singapur sehr schwer zu verteidigen. Entlang der 55 Kilometer langen Nordküste gab es keine festen Stellungen, und die mittlere Breite der Straße von Singapur beträgt nur 1000 Meter – an einigen Stellen erheblich weniger. Die Nordküste war durch zahlreiche kleine Buchten, Sümpfe und dichte Waldstücke aufgesplittert, die die Verbindungen zwischen den Frontabschnitten erschwerten. Trotzdem war selbst im Dezember und Januar noch kein Versuch gemacht worden, dort Stellungen auszubauen – so wenig realistisch dachten die Verantwortlichen auf der Insel. Die Befürchtungen der Japaner, die Engländer könnten das gesamte Vorgelände vermindern oder das Wasser mit einer brennenden Ölschicht überziehen, hätten sich in Luft aufgelöst, wenn sie den Mangel an Vorbereitungen bis zur letzten Minute gesehen hätten. Nur der Marinestützpunkt, der eigentliche Daseinszweck der britischen Truppen, war teilweise zerstört und geräumt worden.

Als die Japaner den Süden der Halbinsel erreicht hatten, arbeitete Yamaschitas Stab rasch einen Invasionsplan aus. Der Hauptangriff sollte gegen die Nordwestküste der Insel geführt werden, wo sich die meisten kleinen Buchten befanden. Dieser Bereich war übrigens nur schwach verteidigt, denn dort sollten fünf australische Bataillone einen sieben Kilometer langen Abschnitt halten. Nachdem die Japaner alle verfügbaren Boote zusammengezogen und gleichzeitig die Insel bombardiert und beschossen hatten, bereiteten sie einen Angriff mit 16 Sturm- und fünf Reservebataillonen vor.

In der Nacht zum 9. Februar gelangten die ersten Japaner fast ohne Gegenwehr auf die Insel, was auf eine Verkettung unglücklicher Umstände und kapitaler Fehler auf seiten der Verteidiger zurückzuführen war. Scheinwerfer und Artillerie wurden mangelhaft oder gar nicht eingesetzt, und die Nachrichtenverbindung mit dem Hauptquartier war unzulänglich, außerdem wurden die Engländer durch einen japanischen Scheinangriff an der Ostküste getäuscht. Die allein auf sich gestellten und weit unterlegenen australischen Bataillone konnten die Angreifer nicht aufhalten. Am nächsten Morgen hatten 13 000 japanische Soldaten die Meerenge überwunden, und am 10. Februar hielten Landungstruppen auch das Gebiet um den Fahrdamm besetzt, so daß sich jetzt 30 000 Japaner auf der Insel befanden.

Die Briten reagierten langsam und unkoordiniert. Als alle Gegenangriffe erfolglos blieben, mußten sie sich in die Stadt Singapur im Südosten zurückziehen. Dort wurden sie durch eine Million Zivilisten behindert und hatten das Gebiet, aus dem die Stadt mit Wasser versorgt wurde, dem Gegner überlassen. Die Japaner setzten jetzt Panzer ein, und als sie am 11. Februar das wichtige Gebiet um Bukit Timah besetzten, war das Schicksal der Stadt besiegelt. Vier Tage später, als das Wasser knapp wurde, verhandelte Percival mit den Japanern. Am 15. Januar 1942 – dem „Schwarzen Sonntag", wie die

Engländer ihn später nannten – um 18.30 Uhr wurden die Feindseligkeiten eingestellt. Singapur ergab sich den Japanern.

Yamaschita war diese Entwicklung sehr willkommen, denn seine Munitionsvorräte gingen dem Ende zu, seine Truppen auf der Insel waren den Verteidigern zahlenmäßig weit unterlegen, und er wollte verlustreiche Häuserkämpfe vermeiden. Jetzt konnte er von sich behaupten, dem britischen Weltreich im 20. Jahrhundert die schwerste Niederlage zugefügt zu haben: Die Vertreibung aus Frankreich und Belgien oder der Fall von Tobruk ließen sich nicht mit Singapur vergleichen. Der Malaya-Singapur-Feldzug hatte die Engländer und ihre Verbündeten nicht nur 138 708 Mann gekostet (hauptsächlich als Gefangene), denen auf japanischer Seite lediglich 9824 Verluste gegenüberstanden, dieser Erfolg war auch in nur 70 Tagen erzielt worden – statt wie vorausberechnet in 100 Tagen. Außerdem bedeutete dieser große Verlust für England einen großen Gewinn für Japan, das sich damit Zinn, Gummi, Flugplätze und einen Marinestützpunkt gesichert hatte.

Auf lange Sicht am bedeutsamsten waren jedoch die politischen und psychologischen Aspekte dieser Niederlage. Klar ist, daß für den Fall Malayas und Singapurs zu gleichen Teilen die auf Sparsamkeit bedachten britischen Regierungen der zwanziger und dreißiger Jahre, Premierminister Churchill (wegen seiner Kräftekonzentration im Mittelmeerraum) und die schlecht ausgebildeten Truppen, die dort unter schwachen Kommandeuren kämpften, verantwortlich waren. Entscheidend dazu beigetragen hatte jedenfalls das Fehlen einer ausreichend starken Luftwaffe. Aber trotz dieser durchaus stichhaltigen Gründe war von den Verteidigern von Malaya und Singapur erheblich mehr erwartet worden. Statt dessen hatten die Japaner sie zu einem ununterbrochenen langen Rückzug gezwungen, der dem britischen Prestige einen schweren Schlag versetzt hatte. Vor allem Singapur war ein – zugegebenermaßen falsches – Symbol der militärischen Stärke des britischen Weltreichs gewesen. Mit seinem Fall erlosch ein großer Teil des fast mystischen Glanzes dieser Institution. Auch die Wiedereroberung im Jahre 1945, nachdem die Japaner dort drei Jahre lang geherrscht hatten, konnte die alten Kolonialreiche im Osten nicht in ihrer früheren Form wiederherstellen, denn ihr verlorenes Prestige ließ sich nicht zurückgewinnen. Percivals Kapitulation vor einer asiatischen Macht am 15. Februar 1942 bedeutete nicht nur das Ende eines Feldzuges – es bedeutete das Ende eines Zeitalters.

Die Philippinen und
Niederländisch-Ostindien

Wie bereits im ersten Kapitel erwähnt, hatten die japanischen Angriffe im Pazifik, die Anfang Dezember 1941 begannen, die Amerikaner mitten in der Umstellung ihrer gesamten Verteidigungspolitik für die Philippinen überrascht. Ursprünglich war beabsichtigt gewesen, die Inseln im Fall eines Angriffs ganz zu räumen und lediglich die Bataan-Halbinsel zu halten, um den Gegner daran zu hindern, die Bucht von Manila als Hafen für seine Schiffe zu benützen. Die Philippinen waren zu weit von Hawaii entfernt (5000 Kilometer) und lagen zu nahe bei Formosa und Japan (1100 bzw. 3000 Kilometer), um gehalten werden zu können, zumal die Japaner bereits die Marianen, Karolinen und Marshall-Inseln besaßen und ihre hufeisenförmige Einkreisung der amerikanischen Position im Juli 1941 mit der Besetzung Indochinas vervollständigt hatten.

Auf Drängen MacArthurs, und weil man große Hoffnungen auf die B-17-Bomber setzte, wurde diese Rückzugsstrategie im August 1941 grundlegend revidiert. Anstatt sich im Falle eines Angriffs nach Bataan zurückzuziehen, sollten die Verteidiger nun alle Inseln halten und alle Landungsversuche abwehren. Das setzte natürlich voraus, daß die Verteidigungsfähigkeit der Philippinen erheblich gesteigert wurde. MacArthur unterstanden etwa 140 000 Mann, von denen jedoch nur 31 000 reguläre amerikanische Truppen waren. Der Rest bestand aus Filipinos, die im allgemeinen schlecht ausgebildet und schlecht bewaffnet waren, obwohl die Amerikaner hofften, ihren Ausbildungs- und Ausrüstungsstand bis Anfang 1942 beträchtlich heben zu können.

Als die Kriegsgefahr ab Mitte 1941 immer drohender am Horizont stand, wurden hastig Geschütze und Flugzeuge auf die Philippinen verlegt. Vor allem letztere waren wichtig, denn die neuen B-17 sollten nicht nur etwaige Invasionskonvois vernichten, sondern auch feindliche Stützpunkte auf Formosa und in Japan bombardieren. Als die Japaner dann angriffen, standen jedoch nur 35 dieser Maschinen zur Verfügung. Was die mit einem großartigen Namen versehene Asienflotte betraf, bestand die lediglich aus einigen Kreuzern und Zerstörern, die nach Süden abgezogen werden sollten, sobald die Feindseligkeiten eröffnet waren. Die eigentliche Flotte bildeten 29 U-Boote, die – was sich später herausstellte – mit wenig wirksamen Torpedos ausgerüstet waren.

Wäre der Angriff ein halbes Jahr später gekommen, wäre die Verteidigungsbereitschaft der Philippinen erheblich größer gewesen. Aber die Japaner dachten nicht daran, sich an einen anderen als ihren eigenen Zeitplan zu halten. Jedenfalls muß in diesem Zusammenhang festgehalten werden, daß MacArthurs Truppenverteilung seiner öffentlich geäußerten Strategie widersprach, alles halten zu wollen. Die besten Verbände mit der besten Ausrüstung blieben um Manila konzentriert,

Am 15.2.1942 wurde um 18.30 Uhr die Kapitulationsurkunde Singapurs unterzeichnet

Die *Nevada* versucht, aus der Reihe der brennenden Schiffe freizukommen

Japanische Flugzeuge über Hongkong, das Weihnachten 1941 kapituliert hatte

Der Hafen von Singapur war eines der Hauptangriffsziele der Japaner

Ein japanischer Panzer wühlt sich durch den Dschungel

Fahrradkompanien der Japaner in Batavia

Auf dem berüchtigten „Todesmarsch" von Bataan ins Cabana Tuan-Gefängnis

Japanische Marineinfanteristen in Aktion

und die Küsten wurden von landeseigenen Regimentern bewacht, deren Kampfwert erheblich geringer war. Folglich würde es einer starken Invasionsstreitmacht nicht schwerfallen, dort einen Landekopf zu erkämpfen und auszubauen.

Genau das hatten die Japaner vor. General Homma, der Oberbefehlshaber der 14. Armee, sollte die Philippinen mit nur 57 000 Mann erobern und verließ sich auf Luftüberlegenheit, Überraschungsangriffe und den höheren Kampfwert seiner Truppen, um die zahlenmäßige Unterlegenheit auszugleichen.

Die erste Voraussetzung – die japanische Luftherrschaft – wurde innerhalb weniger Tage geschaffen. Am 8. Dezember um 2.30 Uhr erfuhr Manila von dem Überfall auf Pearl Harbor und dem Kriegsausbruch, aber die amerikanischen Kommandeure konnten sich nicht dazu durchringen, Formosa sofort bombardieren zu lassen.

Die Flugzeuge erhielten deshalb Befehl, um die Insel Luzon zu fliegen, um bei dem erwarteten japanischen Luftangriff nicht hilflos auf den Flugplätzen zu stehen. Dieser Plan scheiterte jedoch daran, daß die Japaner wegen Nebels erst mit Verspätung auf Formosa hatten starten können und nun am späten Vormittag über den Philippinen erschienen. Unterdessen hatte sich das Durcheinander auf amerikanischer Seite geklärt, und die B-17 wurden für einen Angriff auf Formosa mit Bomben beladen. Da der amerikanische Luftschutzwarndienst unzulänglich funktionierte, waren diese Maschinen leichte Ziele für die japanischen Angreifer. Clark Field und weitere Flugplätze wurden über eine Stunde lang mit Bomben und Bordwaffen angegriffen, wobei die Amerikaner 17 B-17, 56 Jagdflugzeuge und 30 andere Flugzeuge verloren; damit hatte Japan mit einem Schlag die Luftherrschaft errungen. Obwohl die Piloten der noch einsatzbereiten amerikanischen Maschinen in den nächsten Tagen aufopfernd kämpften, unterlagen sie der drückenden japanischen Übermacht. Am 17. Dezember wurden die Überwasserstreitkräfte der U.S. Navy abgezogen, und die restlichen B-17 flogen nach Australien.

Zu diesem Zeitpunkt hatten Hommas Truppen bereits mehrere Invasionsvorbereitungen getroffen. Am 8. beziehungsweise 10. Dezember besetzten Vorausabteilungen die Inseln Bataan und Camiguin, beide nördlich von Luzon, als vorgeschobene Stützpunkte. Am Abend des 10. Dezember wurden die Luzon-Küstengebiete bei Aparri und Gonzaga von 200 japanischen Infanteristen besetzt, die nur auf schwache Gegenwehr stießen und bald nach Süden weitermarschierten. Gleichzeitig waren weitere 2000 Mann bei Vigan gelandet und stießen nach Süden vor, um die eigentliche Invasionsstreitmacht zu unterstützen, während am 12. Dezember eine japanische Einheit, von Palau kommend, bei Legaspi im Südosten Luzons landete und nach Norden marschierte.

Nachdem diese Landeköpfe gesichert und mehrere Flugplätze besetzt waren, ging die Masse der 14. Armee am 22. Dezember im Lingayen-Golf an drei Stellen an Land. Deckung gaben ihr dabei japanische Flugzeuge und ein Schiffsverband, zu dem zwei Schlachtschiffe gehörten. Weder die schlecht ausgebildeten landeseigenen Verbände noch die wenigen kampfstärkeren amerikanischen Einheiten und Filipino-Scouts konnten die 43 000 Japaner aufhalten, zumal sie mit zwei Panzer- und vier Artillerieregimentern angriffen. Hommas Truppen vereinigten sich mit den bei Vigan gelandeten und stießen nach Manila vor. Zwei Tage später landeten 7000 weitere Japaner in der Lamon-Bucht, vereinigten sich mit den bei Legaspi gelandeten Einheiten und setzten den Marsch nach Norden fort.

Die Hauptstadt war deshalb in Gefahr, von diesen beiden Kampfgruppen zangenartig umfaßt zu werden, und MacArthur mußte befürchten, daß die in der Lamon-Bucht gelandeten Japaner ihm den Rückzug nach Bataan abschneiden würden. Da er erkannte, daß sein Plan, den Gegner schon an der Küste aufzuhalten, kläglich gescheitert war, befahl er einen allmählichen Rückzug auf die felsige Halbinsel. Am 26. Dezember wurde Manila geräumt und zur offenen Stadt erklärt, während die Amerikaner sich im Schutz ihrer Panzer Schritt für Schritt zurückzogen.

Am 6. Januar 1942 befanden sich alle Truppen MacArthurs auf der Halbinsel – wie „eine Katze, die in einen Sack kriecht", schilderte Homma ihre Lage. Während die Japaner bisher nur 1900 Mann verloren hatten, (zu denen 2700 Mann mit Malaria und anderen Krankheiten kamen), verfügte MacArthur nur noch über etwa 80 000 Mann, was hauptsächlich auf die vielen desertierten Filipinos zurückzuführen war.

Die Strategie für die Verteidigung von Bataan war einfach genug: Die Halbinsel sollte mit allen Kräften gehalten werden, damit die Japaner die Bucht von Manila nicht als Flottenstützpunkt verwenden konnten. Anfang 1942 zeigte sich jedoch, daß die über den Pazifik entsandten amerikanischen Truppen nach Australien umgeleitet wurden, anstatt zu MacArthur geschickt zu werden. Die japanische Luft- und Seeherrschaft war so eindeutig, daß als einziges Transportmittel nur noch U-Boote zur Verfügung standen. Deshalb kämpften die Amerikaner und Filipinos auf der Bataan-Halbinsel mit dem Rücken zur Wand, ohne die geringste Aussicht auf Rettung zu haben. Außerdem war das Gebiet malariaverseucht, so daß bald nur noch ein Viertel der amerikanischen Truppen einsatzbereit war. Und zuletzt fehlte es an Verpflegung, weil statt der ursprünglich vorgesehenen 43 000 Mann jetzt 126 000 Personen verpflegt werden mußten. Die Männer wurden auf halbe und später auf viertel Rationen gesetzt. Das alles minderte die Aussichten für eine längere Verteidigung der Bataan-Halbinsel.

Trotzdem kam es nicht zu dem erwarteten raschen Zusammenbruch. Einerseits ließ die Halbinsel sich gut verteidigen, und andererseits litten die Japaner gleichermaßen unter Krankheiten und Versorgungsschwierigkeiten. Anfangs unternommene Direktangriffe brachten wenig Erfolg – und dann wurde die japanische 48. Division am 22. Januar nach Niederländisch-Ostindien verlegt.

Um die erstarrten Fronten aufzubrechen, landeten zwei japanische Bataillone an der Südspitze der Bataan-Halbinsel, wo sie jedoch in dreiwöchigen erbitterten Kämpfen aufgerieben wurden. Am 8. Februar mußte Homma die Angriffe vorläufig einstellen, weil seine Truppen durch die Abgabe ganzer Einheiten an andere Fronten geschwächt und über 10 000 seiner Soldaten krank waren. Tatsächlich verfügte er Ende Februar lediglich über drei kampfstarke Bataillone. Hätten die

Amerikaner das geahnt, hätten sie im Kampf um die Philippinen eine Wende herbeiführen können.

Die Amerikaner dachten jedoch nur an den letzten japanischen Ansturm und machten sich große Sorgen wegen der bei ihnen grassierenden Krankheiten, von denen nur etwa 20 Prozent ihrer Soldaten verschont blieben. Einen weiteren schweren Schlag erhielt die amerikanische Kampfmoral, als MacArthur die Philippinen verließ, um in Australien den Oberbefehl über die alliierten Streitkräfte im Südwestpazifik zu übernehmen. Die Lage verschlimmerte sich Ende März, als die Japaner frische Truppen nach Luzon warfen: Weitere 22 000 Mann sowie neue Flugzeuge und Geschütze machten Hommas Auftrag sofort leichter durchführbar. Nach schweren Luftangriffen und starker Artillerievorbereitung am 3. und 4. April brachen Einheiten der 14. Armee in die amerikanischen Stellungen ein. Da Generalleutnant Edward B. King nicht riskieren wollte, daß seine kranken und demoralisierten Truppen schwerste Verluste erlitten, kapitulierte er am 9. April bedingungslos.

General Wainwright, MacArthurs Nachfolger auf den Philippinen, hatte sich schon zuvor in die Inselfestung Corregidor zurückgezogen, die gemeinsam mit anderen Inseln die Einfahrt zur Bucht von Manila beherrscht. Corregidor, das über 56 Küstengeschütze mit Kalibern bis zu 30,5 Zentimetern verfügte, mit Betonbunkern übersät und von 14 700 gutgenährten Soldaten verteidigt, hätte theoretisch eine harte Nuß für die Japaner sein müssen. Aber die Befestigungen waren wie in Singapur hauptsächlich seewärts angeordnet, und die Insel besaß nur wenige Flakgeschütze.

Ab 24. März wurde Corregidor bombardiert und später von 23,8-cm-Haubitzen beschossen. Am 4. Mai wurden von Bataan aus über 16 000 Granaten auf die Insel abgeschossen. Dieses Trommelfeuer zermürbte die Verteidiger, schädigte ihr Gehör, zerschmetterte ihre Gebäude und Befestigungsanlagen und zerstörte ihre Wasserversorgung. Trotzdem leisteten sie erbitterte Gegenwehr, als am 5. Mai kurz vor Mitternacht 2000 Japaner auf Corregidor landeten. Aber nachdem ein Landekopf gesichert war, wurden Panzer herübergebracht, denen die Amerikaner nichts entgegenzusetzen hatten. General Wainwright, der seinen Männern weitere schwere Verluste ersparen wollte, ergab sich am 6. Mai um zehn Uhr.

Homma ging es jedoch um eine Kapitulation sämtlicher Amerikaner, nicht nur der auf den Inseln in der Bucht von Manila stationierten Truppen. Auf den südlichen Inseln führten amerikanische Einheiten seit einiger Zeit einen irregulären Buschkrieg gegen die Japaner. Auf Panay waren Oberst Christie und seine Männer damit besonders erfolgreich. Sie ergaben sich erst am 18. Mai, nachden Homma gedroht hatte, alle gefangenen Amerikaner erschießen zu lassen, und am 9. Juni hatte jeglicher organisierter Widerstand aufgehört. Die Japaner hatten bei diesem Feldzug vermutlich etwa 12 500 Tote und Verwundete verloren, aber sie hatten 140 000 Amerikaner und Filipinos besiegt, deren Kampfwert allerdings deutlich niedriger als ihrer gewesen war.

Die gefangenen Amerikaner hatten eine lange und schreckliche Kriegsgefangenschaft vor sich, zu der der berühmt-berüchtigte „Todesmarsch" von Bataan lediglich ein Auftakt war. Wie in Malaya waren die Verteidiger nur unterlegen, weil sie falsch eingeteilt, ungenügend ausgebildet und in der Luft und zur See hoffnungslos unterlegen gewesen waren. Aber sie hatten sich fast ein halbes Jahr lang tapfer gehalten – und nach dieser Zeit hätte nach der ursprünglichen amerikanischen Planung Hilfe aus der Heimat eintreffen müssen. Doch dieser Plan war durch den Überfall auf Pearl Harbor undurchführbar geworden, und die Japaner waren erheblich weiter als bis zu den Philippinen vorgedrungen.

Die Besetzung der Philippinen und Singapurs war schließlich wie der Angriff auf Pearl Harbor nur eine Vorsichtsmaßnahme, durch die verhindert werden sollte, daß amerikanische und britische Kräfte die Japaner daran hinderten, die strategisch wichtigen Ölfelder Niederländisch-Ostindiens zu besetzen. Nachdem es Japan gelungen war, diese Gefahr schon in der ersten Kriegswoche zu beseitigen, konnte es weiter nach Süden vorstoßen.

Das unter englischer Herrschaft stehende Borneo – selbst ein Ölproduzent – fiel als erstes, da London schon früher entschieden hatte, es sei zwecklos, diese Dschungelinsel verteidigen zu wollen. Die Ölproduktion war seit August 1941 stetig verringert worden, weil die Japaner keine vollen Tanks vorfinden sollten, und die Ölquellen wurden am 8. Dezember unbrauchbar gemacht. Verteidigt werden sollte lediglich das Gebiet um Kuching, damit die Invasoren die in der Nähe liegenden Flugplätze nicht zu Angriffen auf Singapur nützen konnten. Als am 16. Dezember 5000 Japaner aus Indochina vor Miri erschienen, stießen sie deshalb auf keinen Widerstand und besetzten innerhalb von drei Tagen Brunei und Britisch-Nordborneo. Nach vorbereitenden Luftangriffen standen am 24. Dezember zwei japanische Bataillone vor Kuching. Oberstleutnant Lane, der erkannte, daß die Angreifer den unter seinem Befehl stehenden Verteidigern überlegen waren, befahl die Zerstörung des dortigen Flugplatzes und den Rückzug auf holländisches Gebiet. Erst nach schweren Kämpfen und Verzögerungen durch schlechtes Wetter und notwendige Umgruppierungen gelang es den Japanern, am 26./27. Januar 1942 den wichtigeren Stützpunkt Singawang II zu nehmen. Danach zogen die Verteidiger sich langsam nach Süden zurück und ergaben sich erst Anfang März, nachdem Java gefallen war.

Zur Besetzung von Niederländisch-Ostindien hatten die Japaner einen Umfassungsangriff mit drei Hauptstoßrichtungen vorbereitet. Die aus Indochina kommende Kampfgruppe West sollte das Gebiet um Palembang in Südsumatra besetzen und dann Westjava angreifen; eine Kampfgruppe Mitte würde von Palau aus über Davao auf den Philippinen zu den Ölfeldern von Niederländisch-Borneo vorstoßen und danach Java angreifen; eine Kampfgruppe Ost sollte von Davao aus nach Süden angreifen und Celebes, Amon und Timor nehmen, um alliierte Nachschubtransporte aus Australien zu unterbinden.

Java, die wichtigste Insel Niederländisch-Ostindiens, würde auf diese Weise von Westen, Norden und Osten angegriffen werden. General Imamura und die 16. Armee erhielten den Auftrag, dieses Unternehmen durchzuführen, bei dem sie durch spezielle Marine-Landungstruppen, etwa 450 Flugzeuge und eine von Admiral Konda befehligte Kampfgruppe, zu der zwei Schlachtschiffe gehörten, unterstützt wurden. Auch hier vertrauten die Japaner darauf, daß starke Luft- und Seestreitkräfte sowie kampferprobte, gut ausgerüstete Truppen die zahlenmäßige Unterlegenheit mehr als wettmachen würden.

Alles klappte erstaunlich plangemäß – sogar noch besser als vorgesehen, denn der schnelle englische Zusammenbruch in Malaya und der amerikanische Rückzug nach Bataan gaben den Japanern die Möglichkeit, ihre anderweitigen Eroberungspläne rascher voranzutreiben. Beispielsweise wurde Sumatra bald ständig von im Nordwesten Malayas stationierten japanischen Flugzeugen angegriffen, und die drei Jäger- und zwei Bomberstaffeln der Alliierten konnten diese Luftangriffe nicht wirksam abwehren. Zwar gelang es ihnen, den Konvoi der Kampfgruppe West mit einigem Erfolg anzugreifen, aber sie konnten nicht verhindern, daß am 14. Februar etwa 3000 Mann an Land gingen und daß 7000 japanische Fallschirmjäger den wichtigsten Flugplatz und mehrere Ölraffinerien besetzten.

Am nächsten Tag entschloß Wavell sich zum Rückzug nach Java. Die 10 000 alliierten Soldaten auf Sumatra gehörten zugegebenermaßen zu einem großen Teil dem Luftwaffen-Bodenpersonal an, aber die Verteidiger gaben trotzdem überraschend schnell auf, wenn man berücksichtigt, daß sie den Angreifern fast drei zu eins überlegen waren. Vielleicht hatte der Fall Singapurs am gleichen Tag etwas mit dieser Entscheidung zu tun.

Weiter östlich hatten die Japaner noch schneller zugeschlagen. Am 20. Dezember wurde Davao auf der südphilippinischen Insel Mindanao erobert und in einen vorgeschobenen Stützpunkt für die Kampfgruppen Mitte und Ost verwandelt. Fünf Tage später wurde auch die Insel Jolo besetzt. Nach langwierigen Umgruppierungen griffen die japanischen Truppen erneut an. Am 11. Januar fiel Tarakan in Nordostborneo nach schweren Kämpfen, aber die Holländer hatten die dortigen Raffinerien schon zerstört. Deshalb wurden 5000 japanische Soldaten am 21. Januar mit Schiffen nach Balikpapan transportiert, wo sie nachts ankerten, obwohl ein amerikanischer Bomber eines der Schiffe versenkte und vier amerikanische Zerstörer nachts angriffen.

Bei diesem ersten Überwassergefecht der U.S. Navy seit dem Jahre 1898 wurden drei Truppentransporter versenkt, aber die japanische Invasion wurde danach keineswegs aufgehalten. Am 24. Januar waren die Japaner gelandet und zwangen die Verteidiger zum Rückzug. Am 10. Februar trugen die Japaner einen kombinierten See- und Luftangriff gegen Bandjarmasin vor. Damit fiel ihnen ganz Borneo, eine riesige Insel mit Ölfeldern und Flugzeugen, in die Hände.

Am gleichen Tag, an dem die Kampfgruppe Mitte Tarakan eroberte, besetzten 1600 japanische Soldaten der Kampfgruppe Ost Menado und Kemma im Norden von Celebes. Am 24. Januar, als die dortigen Flugplätze wieder benutzbar waren, ankerten sie vor Kendari und nahmen rasch den besten Luftwaffenstützpunkt Niederländisch-Ostindiens. Ende dieses Monats überrannten 3600 Japaner die Stadt Ambon.

Mit Hilfe der Luftunterstützung durch Flugzeuge der Träger *Soryu* und *Hiryu* gelang es den Japanern, den Rest der Insel innerhalb von drei Tagen zu besetzen und dadurch die alliierte Nachschubroute zu den Philippinen zu unterbrechen. Wenig später wurde Makassar durch von Kendari aus operierende japanische Truppen erobert, und am 20. Februar begann die Invasion auf Timor: Auch diese Insel wurde von Landungstruppen und Fallschirmjägern innerhalb von drei Tagen besetzt. Diese verhältnismäßig schwachen, aber hervorragend ausgebildeten japanischen Verbände, die sich auf ihre Luft- und Seeunterstützung verließen, hatten mit monotoner Regelmäßigkeit fast alle Inseln Ostindiens erobern können. Jetzt war nur noch Java übrig, dessen Position seit der Besetzung Sumatras und Timors – und seit der Auflösung des ABDA Command am 25. Februar – zunehmend prekär geworden war. Die Absicht, Malaya als Barriere zu halten, bis Verstärkung herangeführt werden konnte, war durch die raschen japanischen Vorstöße vereitelt worden, und Wavell zog es vor, neu eintreffende Truppen nach Burma zu verlegen, während die Amerikaner ihre nach Australien schickten. So blieb es den Holländern und den ihnen unterstellten zahlreichen alliierten Einheiten überlassen, Java zu verteidigen.

Wegen der japanischen Luftherrschaft hatten alliierte Kriegsschiffe bei der Verteidigung Niederländisch-Ostindiens – abgesehen von dem Zerstörerangriff auf Balikpapan – keine große Rolle spielen können. Beispielsweise versuchte am 4. Februar die Kombinierte Kampfgruppe von Konteradmiral Doorman, die aus vier Kreuzern und acht Zerstörern bestand, die japanische Besetzung von

Makassar zu vernichten, mußte sich aber zurückziehen, nachdem die US-Kreuzer *Marblehead* und *Houston* Bombentreffer erhalten hatten. Ein späterer Versuch, am 13. Februar den nach Palembang laufenden Invasionskonvoi abzufangen, endete ebenfalls mit einem Rückzug, nachdem die Kampfgruppe wie durch ein Wunder fünf japanische Luftangriffe unbeschädigt überstanden hatte.

Am Abend des 19. Februar kam es jedoch in der Lombok-Straße zwischen alliierten Kriegsschiffen und japanischen Geleitkräften zu einem Seegefecht, bei dem zwei feindliche Zerstörer und ein Truppentransporter beschädigt wurden. Dem standen jedoch ein versenkter holländischer Zerstörer sowie ein beschädigter amerikanischer Zerstörer und ein ebenfalls beschädigter holländischer Kreuzer gegenüber. Die Invasion auf Bali, durch die Java von Australien abgeschnitten wurde, ging trotz dieses Gefechts ungehindert weiter.

In der letzten Februarwoche war abzusehen, daß die japanische Landung auf Java bevorstand. Theoretisch hätten die dort stationierten Truppen leicht ausreichen müssen, um diese wichtige Insel, das letzte alliierte Bollwerk in diesem Seegebiet, zu halten. Aber die Verteidigung litt – wie so häufig in dieser Phase des Krieges im Pazifik – unter dem Fehlen einer durchorganisierten Befehlsstruktur, einer erbärmlich schwachen Luftwaffe, übermäßig vielen Flüchtlingen aus anderen Gebieten (darunter 10 000 Mann Luftwaffen-Bodenpersonal) und einem um sich greifenden Defätismus.

Von den Indonesiern war keine Unterstützung zu erwarten. Trotzdem bestand noch Hoffnung, die Invasion schon auf See abwehren zu können, denn Doorman verfügte über acht Kreuzer und zwölf Zerstörer. Andererseits waren die Japaner entschlossen, dafür zu sorgen, daß es bei der Besetzung Javas keine Pannen gab. Admiral Kondo sollte mit seinen schweren Kreuzern und Zerstörern dicht bei den Truppentransportern bleiben, während im Hintergrund Nagumos Kampfgruppe mit vier Flugzeugträgern, zwei Schlachtschiffen und Geleitzerstörern lauerte.

Die Schnelle Trägertruppe patrouillierte südlich von Java, um alliierten Schiffen den Rückzug abzuschneiden, und hatte bereits einen Beweis ihrer Schlagkraft geliefert, als sie am 19. Februar die australische Hafenstadt Darwin mit 188 Flugzeugen verwüstet hatte.

Am 26. Februar liefen Doormans Schiffe aus Surabaya aus, um die Invasionskonvois anzugreifen, und stießen am nächsten Tag auf einen japanischen Verband aus zwei schweren Kreuzern, zwei leichten Kreuzern und 14 Zerstörern. Der alliierte Verband mit den schweren Kreuzern *USS Houston* und *HMS Exeter*, den leichten Kreuzern *HMNS Java, HMNS de Ruyter* und *HMAS Perth* sowie neun Zerstörern hätte sich theoretisch behaupten müssen, aber die anglo-amerikanisch-holländisch-australische Kampfgruppe war kein geschlossener Verband und litt unter unzähligen Verständigungs- und Befehlsschwierigkeiten. Im Gegensatz dazu hatten die japanischen Schiffe gut ausgebildete Besatzungen und besaßen mit ihren „Lange-Lanze"-Torpedos eine gefährliche Waffe. Nach einem einstündigen Artillerieduell kam es zu einem etwas wirren Gefecht, bei dem die *Exeter* stark beschädigt wurde und aus dem Kampfgebiet geleitet werden mußte, während zwei alliierte Zerstörer versenkt wurden, ein weiterer auf eine Mine lief und die vier amerikanischen Zerstörer vorzeitig ausscheiden mußten, um Bunkeröl zu übernehmen.

Doorman, der jetzt nur noch vier Kreuzer hatte, setzte um elf Uhr tapfer zu einem weiteren Angriff an, aber die beiden holländischen Kreuzer wurden durch Torpedos versenkt und nahmen den Admiral mit in die Tiefe, woraufhin die beiden anderen Kreuzer sich zurückzogen.

Die Seeschlacht in der Java-See, wie sie später genannt wurde, war von Anfang bis zum Ende eine Katastrophe für die Alliierten gewesen. Auch die nun folgenden Ereignisse waren nicht weniger entmutigend. Die Kreuzer *Perth* und *Houston* wurden versenkt, nachdem sie japanische Landungstruppen in der Bantam-Bucht beschossen hatten, während zwei holländische Zerstörer im Hafen Surabaya durch Bombentreffer außer Gefecht gesetzt wurden. Der beschädigte Kreuzer *Exeter*, der Held des Gefechts vor der La-Plata-Mündung, wurde von japanischen Seestreitkräften versenkt, als er mit zwei Geleitzerstörern heimlich durch die Sunda-Straße zu laufen versuchte. Nur den vier amerikanischen Zerstörern gelang es, durch die Maschen des japanischen Netzes zu schlüpfen.

Mit der Vernichtung von Doormans Geschwader war das Schicksal Javas besiegelt. Am 1. März landete die Kampfgruppe Ost bei Kragen und stieß rasch nach Surabaya vor, während die Kampfgruppe West an drei Stellen im Westen Javas an Land ging und Batavia einschloß. Die alliierte Gegenwehr war langsam und unkoordiniert, und die Japaner hatten bald drei Divisionen auf der Insel stehen. Batavia fiel am 5. März; Surabaya konnte sich nur zwei Tage länger halten. General ter Poorten fügte sich ins Unvermeidliche und kapitulierte mit seinen Truppen am Morgen des 9. März. Am Nachmittag des gleichen Tages kapitulierten auch die Engländer.

Abgesehen von vereinzelten Widerstandsnestern im Norden Sumatras stand jetzt ganz Niederländisch-Ostindien unter japanischer Herrschaft. Japan hatte die wertvollen Ölfelder in drei Monaten erobert, anstatt wie erwartet ein halbes Jahr dafür zu brauchen, und die europäische Vormachtstellung im Fernen Osten war erneut schwer erschüttert worden.

Burma und die Bedrohung Indiens

Burmas strategische Bedeutung basierte traditionellerweise auf seiner Pufferfunktion, in der es Indien vor jeglicher Bedrohung aus Nordosten zu schützen hatte. Auch im Jahre 1941, als Japan es offenkundig darauf anlegte, seinen Einfluß in China und Südostasien zu vergrößern, war diese Strategie weiterhin richtig. Zu diesem Zeitpunkt war Burma jedoch auch aus anderen Gründen für die Engländer und ihre Verbündeten wichtig: Es lieferte Erdöl und Reis und versorgte das britische Weltreich mit 35 Prozent seines Wolframbedarfs. Außerdem stellte es eine wichtige Zwischenstation auf der Route nach Singapur und in den Fernen Osten dar, denn der Flugplatz Victoria Point im Süden war der Hauptabflughafen für Lufttransporte. Außerdem verfügte es mit der Burma Road über die einzige Landverbindung nach China. Den Engländern – und erst recht den Amerikanern – ging es darum, aus politischen Gründen die Regierung Tschiang Kai-schek zu stützen, außerdem wurde es immer wichtiger, möglichst viele japanische Divisionen in China festzuhalten.

Trotz dieser Erwägungen war Burma bei Ausbruch des Krieges im Pazifik nur sehr schwach verteidigt. Seit 1937 waren das Oberkommando Indien und das Oberkommando Fernost abwechselnd für das Land zuständig gewesen – und hatten es beide ziemlich vernachlässigt.

Am 12. Dezember 1941 brachte Wavell, der englische Oberbefehlshaber in Indien, Burma wieder unter den Zuständigkeitsbereich des Oberkommandos Indien, aber als er ABDA-Oberbefehlshaber wurde, wechselte die Zuständigkeit erneut. Oberbefehlshaber in Burma war General Hutton, dem zwei englische Bataillone, zwei indische Brigaden und die Burma Rifles, deren Kampfwert zweifelhaft war, sowie die Burma Military Police unterstanden, wobei die landeseigenen Verbände rasch vergrößert wurden. Das Luftwarnsystem war schlecht organisiert, und den einzigen Jagdschutz bildeten 16 Maschinen des Typs Buffalo mit den 21 P-4 Tomahawks der amerikanischen Freiwilligengruppe, die Tschiang Kai-schek abgestellt hatte. Der Generalissimus hatte auch angeboten, zwei chinesische Armeen zu entsenden, aber Wavell hatte abgelehnt, weil er voraussetzte, daß der japanische Angriff in Malaya liegenbleiben würde; deshalb wurde nur eine chinesische Division akzeptiert, die die Schan-Staaten schützen sollte. Diese scheinbare Zurückweisung sowie Meinungsverschiedenheiten wegen der Verteilung des in Rangun ankommenden Nachschubs führten dazu, daß die anglo-chinesischen Beziehungen nicht allzu herzlich waren. Außerdem war von der einheimischen Bevölkerung, in der viele mit den Japanern sympathisierten, nicht viel Unterstützung zu erwarten.

Aus japanischer Sicht war es unbedingt notwendig, Burma zu überrennen, um die Chinesen zur Kapitulation zu zwingen. General Iida von der 15. Armee erhielt für diese Aufgabe die 33. und 55. Division, die mit den dazugehörigen Nachschubeinheiten 35 440 Mann stark waren. Luftunterstützung kam anfangs von den 100 Flugzeugen der 10. Luftbrigade, aber die Zahl der eingesetzten Maschinen wurde nach dem Fall Manilas verdoppelt.

Die japanische Strategie sah einfach einen Einmarsch in Südburma vor, dem nach der Einnahme Ranguns ein Vorstoß nach Norden folgen sollte. Am 8. Dezember besetzte die 15. Armee gemeinsam mit Yamaschitas 25. Armee Siam. Danach wurden sofort Truppen zur Landenge von Kra in Marsch gesetzt, die am 16. Dezember den wichtigen englischen Luftwaffenstützpunkt Victoria Point eroberten. Danach konzentrierten Iidas Truppen sich auf die „Befriedung" Siams und den Vorbereitungen für die nächste Offensive.

Obwohl es danach einen Monat lang nur selten zu Infanteriegefechten kam, nützten die Japaner diesen Zeitraum zu dem Versuch, die Luftherrschaft über Südburma zu erringen. Aber bei Luftangriffen auf Rangun verloren sie am 23. und 25. Dezember 31 Flugzeuge, während die Alliierten nur zwölf verloren. Die Bomben brachten jedoch fast 3000 Zivilisten den Tod und riefen große Panik hervor. Die unentbehrlichen indischen Arbeiter flüchteten nach Westen, blockierten die Straßen und ließen halbfertige Befestigungsanlagen und nicht entladene Frachter zurück. Außerdem war ein größerer Prozentsatz der alliierten als der japanischen Flugzeuge zerstört worden.

Wenig später wurde das Kräftegleichgewicht annähernd wiederhergestellt, als 30 Hurricanes eintrafen und bald 50 japanische Maschinen bei nur zwölf eigenen Verlusten abschossen, während eine neue Blenheim-

Bomberstaffel bei einem Angriff auf einen Luftwaffenstützpunkt bei Bangkok 58 japanische Flugzeuge vernichtete. Die Tagesangriffe auf Rangun wurden daraufhin zumindest vorläufig eingestellt.

General Hutton, der sich darüber im klaren war, daß Rangun zu Lande, zu Wasser und aus der Luft angegriffen werden konnte, ließ im Gebiet um Mandalay Nachschublager anlegen und den Bau der Straße zwischen Tamu (Indien) und Kalewa (Burma) beschleunigen. Auf diese Weise würde die Burma Road selbst dann benutzbar bleiben, wenn Rangun fallen sollte. Damit bewies Hutton Weitblick, denn die Japaner setzten zur nächsten Offensive an. Bis zum 23. Januar eroberten die beiden Divisionen das gesamte Gebiet südlich von Ye. Am 31. Januar nahmen sie Moulmein nach schweren Kämpfen mit der unvollständigen indischen 17. Division.

Nun waren nicht nur drei wichtige Luftwaffenstützpunkte (Victoria Point, Mergui und Moulmein) verlorengegangen, die Japaner konnten sie auch rasch nutzen, um ihre Bomber bei Angriffen auf Rangun von Begleitjägern schützen zu lassen. Außerdem waren die meisten Frühwarnstationen geräumt worden, so daß die RAF sich im Luftkampf im Nachteil befand.

Anfang Februar trafen allmählich Verstärkungen in Rangun ein, während zwei chinesische Divisionen nach Südwesten kamen, um die Burma Road zu schützen, wodurch weitere britische Truppen für den Kampf gegen die Japaner frei wurden. Aber auch die Japaner verstärkten ihren Druck. Am 9. Februar erzwangen sie den Übergang über den Salween und drängten die indische 17. Division in die erheblich schlechter ausgebaute Flußstellung am Bilin zurück. Das machte Generalleutnant Smyth, dem Divisionskommandeur, verständliche Sorgen, denn nun bestand die große Gefahr, daß seine Truppe in dieser Stellung umgangen und von der wichtigen Brücke über den 1,5 Kilometer breiten Sittang abgeschnitten wurde.

Aber Hutton und Wavell, die an die ständigen Absetzbewegungen dachten, die sich so verheerend auf die Kampfmoral der britischen Truppen in Malaya ausgewirkt hatten, stimmten einem Rückzug erst zu, als es dafür schon zu spät war. Am 21. Februar überflügelten japanische Kräfte mehrere britische Einheiten und drohten die Sittang-Brücke zu erobern. Smyth, der das Schlimmste befürchtete, befahl am Morgen des 23. Februar ihre Sprengung, obwohl zwei seiner Brigaden sich noch am anderen Ufer befanden. Vielen seiner Soldaten gelang es später, den Fluß zu überqueren, aber ihre Waffen und Fahrzeuge waren verloren.

Obwohl die wertvolle 7. Panzerbrigade Burma erreicht hatte, war Hutton inzwischen fest davon überzeugt, Rangun müsse aufgegeben werden, um ein zweites Singapur zu verhindern. Deshalb ließ er den größten Teil seines Nachschubs und seiner Munition nach Norden abtransportieren, während er die Zerstörung der Hafenanlagen und Öltanks überwachte.

Churchill, die Stabschefs und Wavell waren jedoch anderer Auffassung: Sie wiesen darauf hin, daß weitere Verstärkungen eintrafen und daß die japanischen Luftangriffe mit schweren Verlusten für den Gegner abgewehrt wurden. Am 25. Februar wurde das ABDA Command aufgelöst, und Wavell kehrte auf seinen

Posten als Oberbefehlshaber in Indien zurück, übernahm erneut die Verantwortung für Burma und glaubte weiterhin, daß die Japaner aufgehalten werden könnten. Außerdem löste am 5. März General Alexander, der diese Ansicht teilte, Hutton als Oberbefehlshaber in Burma ab und befahl sofort einen Gegenangriff bei Prome. Dieser Angriff blieb jedoch bald liegen, und Alexander war vernünftig genug, um einzusehen, daß Hutton recht gehabt hatte und Rangun unter den herrschenden Voraussetzungen nicht gehalten werden konnte. Am 7. März befahl er die Räumung der Stadt und die Zerstörung aller Einrichtungen, die dem Gegner von Nutzen sein konnten.

Während die abgekämpften Luftwaffenstaffeln nach Mittelburma verlegt und die vielen Beamten mit drei Schiffen nach Indien abtransportiert wurden, mußten die englischen Bodentruppen sich nach Norden absetzen. Dabei entstand eine kritische Lage, als eine japanische Straßensperre den Rückzug von Alexanders Truppen zu verhindern drohte, aber sie kämpften sich durch und waren damit zunächst außer Reichweite des Gegners.

Am 8. März drang die japanische 33. Division mittags in die verlassene Stadt ein und mußte feststellen, daß der Gegner sich rechtzeitig abgesetzt hatte. Der Versuch, die abrückenden Engländer einzuholen, führte nur zu völliger Erschöpfung der japanischen Infanterie, so daß die Verfolgung zumindest vorläufig aufgegeben wurde. Die Japaner hatten einen wichtigen Hafen erobert und die Nachschubroute nach China unterbrochen, da die nach Indien führende Verlängerung der Burma Road noch nicht fertig war; aber die britischen Truppen waren gerettet und konnten bei anderer Gelegenheit den Kampf wiederaufnehmen. Anzuerkennen ist, daß Alexander beweglich genug war, um so rasch von seiner Haltetaktik abzugehen, aber noch mehr Anerkennung gebührt Hutton dafür, daß er diese Möglichkeit vorausgesehen und den Weg dazu geebnet hatte.

Nachdem Rangun gefallen war, stand fest, daß der Kampf um Mittelburma bald beginnen würde. Ab Mitte März konnten die Japaner wegen ihrer sonstigen Erfolge in Südostasien weitere Kräfte nach Burma verlegen. Durch das Eintreffen der 18. und 56. Division sowie zweier Panzerregimenter verdoppelte sich die Stärke ihrer Bodentruppen, während die Zahl der eingesetzten Flugzeuge nochmals verdoppelt wurde und von 200 auf etwa 400 stieg. Auf der anderen Seite unterstanden Alexander lediglich zwei Divisionen (die indische 17. und die burmesische 1. Division), die 7. Panzerbrigade und kleinere Heereseinheiten, aus denen er jetzt das General Slim unterstellte „Burcorps" bildete. Außerdem besaß er eine vage strategische Weisungsbefugnis an die beiden chinesischen Armeen (deren Stärke jeweils einer englischen Division entsprach) unter dem Oberbefehl des amerikanischen Generals „Vinegar Joe" Stilwell. Als Folge schwerer japanischer Luftangriffe auf die Flugplätze und die Verlegung der restlichen Maschinen nach Indien war die alliierte Luftwaffe in Burma zur Bedeutungslosigkeit zusammengeschrumpft. Die Aussichten für eine erfolgreiche Verteidigung Mittelburmas waren nicht sonderlich gut.

Am 26. März griffen die Japaner chinesische Stellungen im Raum Toungoo an und fügten den Verteidigern schwere Verluste zu. Die indische 17. Division rückte zu ihrer Unterstützung nach Süden in Richtung Okpo vor, mußte aber bald feststellen, daß sie von japanischen Kräften, die hinter ihr Schwedaung besetzt hatten, umgangen worden war. Nach erbitterten Kämpfen konnten die anglo-indischen Truppen sich wieder befreien, aber sie verloren dabei über 300 Mann und zehn Panzer. Trotzdem nahmen die Japaner am 30. März Toungoo und vertrieben die Engländer zwei Tage später aus Prome.

Die alliierten Truppen, die kaum noch Nachschub erhielten, unter den Folgen des langen Rückzugs litten und ständig von japanischen Flugzeugen mit Bomben und Bordwaffen angegriffen wurden, zeigten erste Auflösungserscheinungen. Trotzdem hoffte Slim, die Ölfelder von Jenangjaung verteidigen und den Norden Burmas halten zu können, damit die Burma Road benützt werden konnte, sobald die Verbindungsstraße nach Indien hergestellt war.

Aber General Iida hatte andere Absichten. Er wollte Anfang April weiter nach Norden vorstoßen, Laschio besetzen, um die Verbindung nach China abzuschneiden, und dann den Irrawaddy entlang nach Süden einschwenken, um die alliierten Truppen einzukesseln. Am 12. April kämpfte Slims „Burcorps" auf der von Osten nach Westen verlaufenden Linie Loikaw-Pjinmana-Minhla und mußte langsam zurückweichen. Am 15. April gingen die Ölfelder bei Jenangjaung in Flammen auf, und am nächsten Tag wurde die burmesische 1. Division eingekesselt. Nach ziemlich planlosen Entsetzungsversuchen brach die Division selbst aus, büßte dabei jedoch einen Großteil ihres Materials ein. Jenangjaung wurde von der chinesischen 38. Division zurückerobert, die zu erbitterter Gegenwehr entschlossen war, bis bekannt wurde, was sich im Osten abspielte. Dort hatte Iidas Vorstoß nach Laschio Erfolg.

Stilwell hatte ursprünglich vorgehabt, die Japaner im Sittang-Tal nach Norden vorstoßen zu lassen, um sie zwischen seinen Hauptkräften und den auf den Karen-Hügeln stationierten Truppen „in die Zange nehmen" zu können. Statt dessen kam es genau dort zu einem gegnerischen Durchbruch. Die Japaner nahmen rasch nacheinander Mauchi, Namhpe, Loikaw, Hopong und Loilem (23. April) und fegten alle chinesischen Gegenangriffsversuche beiseite.

Da der Fall von Laschio unvermeidbar zu sein schien, mußten die Alliierten sich rasch zu weiteren Maßnahmen entschließen. Am 21. April hatten die Chinesen bereits das vor kurzem wiedereroberte Jenangjaung räumen müssen. Alexander traf die Entscheidung, den englischen Rückzug beginnen zu lassen, falls Meiktila fiel. Er wollte keine offene Feldschlacht um Mandalay riskieren, solange die Gefahr bestand, daß die Japaner von Laschio aus zu einem Umfassungsangriff ansetzten. Außerdem entschied er, daß seine Truppen sich alle nach Indien zurückziehen würden, denn obwohl es für die Engländer politisch wünschenswert gewesen wäre, mit den Chinesen in Verbindung zu bleiben, konnte das „Burcorps" nicht ohne Nachschub aus Indien weiterkämpfen.

Am 26. April befahl Alexander den Rückzug nach Kalewa, der auf drei verschiedenen Routen bewerkstelligt werden sollte. Diese Absetzbewegung war keineswegs einfach, denn zwei japanische Divisionen versuchten ebenfalls, die wichtige Ava-Brücke über den Irrawaddy zu erreichen. Aber energische Gegenangriffe – vor allem der 7. Panzerbrigade – drängten die Japaner zurück, bis die Brücke am 30. April gesprengt wurde.

Unterdessen war Laschio gefallen, so daß die Chinesen von der Heimat abgeschnitten waren. Noch besorgniserregender war jedoch, daß das japanische 215. Regiment nach Norden vorgestoßen war und am Abend des 30. April Monywa eingenommen hatte, wodurch die wichtigste Straße nach Indien blockiert war. Zwischen den über die Hügel zurückgehenden Engländern und den im Chindwin-Tal vorrückenden Japanern kam es zu einem atemlosen Wettrennen um den Besitz des entscheidenden Flußübergangs bei Schwegjin.

Während eine Nachhut die gegnerischen Vorstöße aufhielt, bemühte das „Burcorps" sich, weder von den Japanern noch von dem Monsun abgeschnitten zu werden, der Mitte Mai einsetzen sollte und alle Bewegungen behindern würde.

Am 10. Mai hatte die Nachhut zurückweichen und Schwegjin aufgeben müssen, aber unterdessen hatten sich viele britische Einheiten aufs andere Ufer retten können, während die Zurückgebliebenen flußaufwärts zu einem Übergang bei Kalewa marschierten. Eine Woche nach ihrer Ankunft in Tamu in Assam brach der Monsun richtig los, obwohl die Regenfälle bereits die japanischen Verfolger aufgehalten hatten. Stilwell, der die Reste der chinesischen 5. Armee führte, mußte mit noch ungünsteren Verhältnissen zurechtkommen. Nachdem die Japaner Mjitkjina erobert hatten, mußte er sich über die Berge nach Indien zurückziehen, während es anderen chinesischen Einheiten gelang, die Stadt im Norden zu umgehen und in ihre Heimat zurückzukehren.

Der weit über 1500 Kilometer lange Rückzug der Engländer war der längste, den eine ihrer Armeen je hinter sich gebracht hatte. Unterwegs war viel Material liegengeblieben, und Burma war verlorengegangen, aber etwa 60 000 Mann hatten sich retten können. Von den 13 000 Mann, die während des Burmafeldzugs als Verluste gemeldet worden waren, befanden sich die meisten in japanischer Kriegsgefangenschaft. Die Japaner hatten nur etwa 4 500 Mann verloren. Sie hatten – vor allem im Endstadium des Feldzugs – einen großen Marinestützpunkt (Tangun) besessen, waren von Anfang an in der Luft überlegen gewesen und hatten mehr und besser ausgerüstete Bodentruppen in den Kampf schicken können. Trotzdem ist es angesichts der für die Alliierten sehr widrigen Umstände vielleicht nicht ungerecht, in Alexander, Slim und Hutton die besseren Generale zu sehen.

Nachdem der Rückzug nach Indien geglückt war, bot sich ihnen eine Atempause, in der sie ihre Truppen verstärken, die weitere Ausbildung vorantreiben und über die bisher gemachten Erfahrungen nachdenken konnten. Dann würde irgendwann der Zeitpunkt für eine Gegenoffensive in Burma kommen – aber würden die notwendigen Verstärkungen und Nachschublieferungen eintreffen; würde ihr rastloser Gegner ihnen genug Zeit zur Auffrischung ihrer Verbände lassen?

Das erschien anfangs höchst unwahrscheinlich, denn während der Kämpfe um Mittelburma erschien ein starker japanischer Flottenverband im Indischen Ozean und bedrohte die Ostküsten Indiens und Ceylons. Für die Engländer war es lebenswichtig, diese Insel zu halten – nicht nur wegen der Verteidigung Indiens, sondern auch zur Erhaltung der ganzen Machtstruktur im Nahen und Mittleren Osten. Eine in Ceylon stationierte japanische Flotte hätte die Verbindungen zwischen Südafrika, Indien und Australien unterbrechen und vor allem die Routen zum Persischen Golf und zum Suezkanal sperren können, so daß Großbritannien kein Öl und die englische 8. Armee in Ägypten keinen Nachschub mehr erhalten hätte. Außerdem war Ceylon nach dem Fall Malayas als Gummilieferant immer wichtiger geworden.

Angesichts dieser Tatsachen bemühten die Stabschefs sich, die Verteidigungsbereitschaft der Insel so rasch wie möglich zu erhöhen. Auf Ceylon wurden sechs Brigaden stationiert, obwohl Wavell einwandte, die größte Gefahr drohe von einem japanischen Angriff an der Nordostgrenze. Seine Bedenken wurden mit der Erklärung zurückgewiesen, letzten Endes hänge die Sicherheit Indiens von der Beherrschung der Schiffahrtsrouten im Indischen Ozean durch England ab, so daß Ceylon wichtiger als Kalkutta sei. Deshalb wurde eine Östliche Flotte (Eastern Fleet) unter Vizeadmiral Somerville aufgestellt: fünf Schlachtschiffe, drei Flugzeugträger, sieben Kreuzer und 14 Zerstörer. So eindrucksvoll dieser Verband auf dem Papier wirkte, so schwach und unausgeglichen war er in Wirklichkeit. Einer der Flugzeugträger und vier der Schlachtschiffe waren alt, langsam und durch Luftangriffe sehr verwundbar, und da Somervilles Verband erst Ende März gebildet wurde, hatten diese

Schiffe noch kaum Gelegenheit zu gemeinsamen Gefechtsübungen im Verband gehabt. Die Östliche Flotte reichte als Geleitschutz für Konvois oder zum Schutz der Küste vor Kommandounternehmen aus, aber sie war zu schwach, um es mit einer größeren feindlichen Flotte aufnehmen zu können.

Trotzdem war die britische Östliche Flotte groß genug, um in Japan einiges Unbehagen hervorzurufen. Da es den Japanern darum ging, die Besetzung Burmas abzuschließen, bevor der Monsun einsetzte, wollten sie den Hafen Rangun verstärkt für Nachschublieferungen für Iidas 15. Armee nutzen. Deshalb erhielt Admiral Nagumos Erste Luftflotte, die unter dem Oberbefehl von Admiral Kondo stand, den Auftrag, in den Indischen Ozean vorzudringen und Ceylon und Somervilles Flotte anzugreifen.

Mit fünf der Pearl-Harbor-Träger, vier Schlachtschiffen, drei Kreuzern und elf Zerstörern würde Nagumo jeden Gegner mühelos niederkämpfen können. Gleichzeitig sollte Admiral Osawa mit einem leichten Flugzeugträger, sieben Kreuzern und elf Zerstörern im Bengalen-Golf Handelskrieg führen. Aber es gab keine Pläne zur Besetzung Ceylons, weil der Generalstab des japanischen Heeres keine weiteren Fernunternehmen, die eine Kräftezersplitterung bewirkten, mehr zulassen wollte. Den Japanern ging es lediglich darum, ihre Macht zu demonstrieren, die Östliche Flotte zu zersprengen oder zu vernichten und ihre eigenen Truppentransporte nach Rangun zu sichern.

Somerville, der mit einem Angriff am 1. April rechnete, hatte seinen Verband in eine schnelle Kampfgruppe (mit dem Schlachtschiff *Warspite* und den Flugzeugträgern *Indomitable* und *Formidable*) und eine langsamere Gruppe (mit den vier Schlachtschiffen der R-Klasse und dem Kleinen Flugzeugträge *Hermes*) aufgeteilt, die beide südlich von Ceylon patrouillierten. Aus dieser Position hoffte er, die japanischen Schiffe aus der Luft angreifen oder sie nachts mit seinen Schlachtschiffen beschießen zu können, falls sie eine Landung auf Ceylon versuchten. Nach zweitägiger erfolgloser Patrouille gelangte Somerville zu dem Schluß, im Augenblick sei kein japanischer Angriff zu erwarten, beorderte seine Schiffe zur Treibstoffübernahme zu einem geheimen Marinestützpunkt auf den Malediven und entsandte die *Hermes* nach Trincomalee und die Schweren Kreuzer *Cornwall* und *Dorsetshire* nach Colombo.

Der japanische Angriff war jedoch erst für den 5. April geplant, und die feindlichen Schiffe wurden am 4. April, als die Östliche Flotte auf den Malediven Treibstoff übernahm, von englischen Aufklärungsflugzeugen gesichtet. Somerville ordnete an, daß die langsameren Schiffe später nachkommen sollten, und lief sofort mit seiner schnellen Kampfgruppe aus. Er war noch über 1000 Kilometer von Ceylon entfernt und durfte sich ohne die Unterstützung der vier Schlachtschiffe der R-Klasse mit seinen beiden modernen Flugzeugträgern nicht zu nah an Nagumos Verband heranwagen.

In Colombo versetzte Admiral Layton die Verteidigungsanlagen in den Alarmzustand und ließ alle Schiffe aus dem Hafen auslaufen, aber das unzulängliche Radarsystem und die Unterlegenheit der englischen Jäger der Typen Fulmar und Hurricane, die es nicht mit den wendigeren Zeros aufnehmen konnten, waren schwere Nachteile. Im Morgengrauen des 5. April wurde Ceylon von 91 japanischen Bombern und 36 Jägern angegriffen. Während die Schäden im Hafen sich in Grenzen hielten und nur ein Frachter und ein Zerstörer versenkt wurden, verloren die Engländer 27 Flugzeuge, denen lediglich sieben japanische Verluste gegenüberstanden. Außerdem griffen später am gleichen Tag 53 japanische Bomber die schweren Kreuzer *Cornwall* und *Dorsetshire* an. Sie stürzten sich aus der Sonne ins Ziel und trafen beide Schiffe mehrmals; die *Cornwall* sank nach 22 Minuten, während die *Dorsetshire*, die mindestens neun Volltreffer erhielt, schon nach acht Minuten verschwand.

Am nächsten Tag hatten die beiden Gruppen Somervilles sich wieder vereinigt: Der Admiral stand mißtrauisch südöstlich von Ceylon und fragte sich, ob die Japaner seinen Stützpunkt auf den Malediven entdeckt hatten und ihn demnächst angreifen würden. Erst am 8. April wagte er sich in den Hafen. Nagumo hatte die Östliche Flotte jedoch weiter im Osten gesucht und sich zu einem Angriff auf Trincomalee entschlossen, als seine Suche vergeblich blieb.

Am 9. April wurde der Hafen von 90 Flugzeugen angegriffen, wobei sieben japanische Maschinen verlorengingen, während die Engländer neun Jäger und fünf Bomber (diese bei dem Versuch, den japanischen Verband zu versenken) verloren. Dann wurden der kleine Träger *Hermes* und der Zerstörer *Vampire* entdeckt und gemeinsam mit einer Korvette, einem Tanker und einem Tender versenkt. Die mit diesem Ergebnis zufriedenen Japaner zogen sich zurück und vereinigten sich später mit Admiral Osawas Kampfgruppe, die im Bengalen-Golf Handelskrieg geführt hatte. Dieser zweite Verband hatte vom 5. bis 9. April 23 Handelsschiffe (112 000 BRT) versenkt, Luftangriffe gegen die indische Küste geführt und damit die Invasionsangst geschürt.

Der japanische Raid war eine weitere Demütigung für die englische Seemacht im Fernen Osten gewesen und hatte gezeigt, daß Somervilles Flottenverband aus hauptsächlich langsamen und alten Schiffen wenig Kampfwert besaß und eine Invasion wohl kaum hätte verhindern können. Das erkannte Somerville im übrigen durch sein vorsichtiges Taktieren und vor allem dadurch an, daß er die vier Schlachtschiffe der R-Klasse am 8. April nach Ostafrika entsandte. Einem aus schnellen Trägern und Schlachtschiffen bestehenden Verband konnte man nur mit gleichwertigen Schiffen entgegentreten; bis sie auf eigener Seite zur Verfügung standen, war es besser, außer Sicht zu bleiben.

Wenig später wurde die Östliche Flotte buchstäblich aufgelöst, weil Schiffe für die Besetzung Madagaskars und im Mittelmeer gebraucht wurden. Zum Glück für die Engländer in Indien war Nagumos vernichtender Raid jedoch kein Aufklärungsvorstoß gewesen, dem eine Invasion folgen sollte, sondern hatte vor allem dem Schutz japanischer Truppentransporte nach Rangun gedient. Nachdem dieser Auftrag erfüllt war, wandte die japanische Kriegsmarine ihre Aufmerksamkeit jetzt Neuguinea und dem Südwestpazifik zu.

Der schwere Kreuzer *Cornwall* wurde auf dem Weg nach Colombo bombardiert und sank nach 22 Minuten

Die Japaner besetzen die burmesische Stadt Moulmein

Zerstörte Ölfördertürme; sie sollten den Japanern nicht unversehrt in die Hände fallen

Vom Flugzeugträger *Yorktown* starteten die Maschinen zum Angriff auf japanische Truppen in Neuguinea

Japanische Truppen besetzen das geräumte Rangun

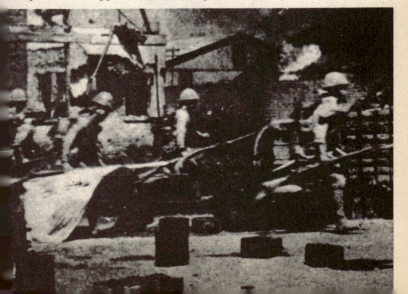

Die *Schokaku* wird von drei Bomben getroffen

Die bombardierte *Zuikaku* rettet sich in eine Regenwand

Die brennende *Lexington* mußte aufgegeben werden

Der Luftangriff auf Tokio und die Seeluftschlacht in der Korallensee

Der japanische Sturmlauf im Fernen Osten gehörte zu den erfolgreichsten, schnellsten und weiträumigsten Feldzügen der Kriegsgeschichte. In nur vier Monaten hatten die Japaner Hongkong, Malaya, Singapur, Niederländisch-Ostindien, Südburma und den größten Teil der Philippinen besetzt. Innerhalb eines weiteren Monats nahmen sie Corregidor ein und verdrängten die Engländer aus Burma. Und was kosteten Japan diese großen Siege? Etwa 15 000 Mann, etwa 380 Flugzeuge und vier Zerstörer!

Nachdem die Japaner mit so geringen Verlusten so viel erreicht hatten, widerstrebte es ihnen natürlich, ihren Vormarsch einzustellen und die Initiative ihren wirtschaftlich stärkeren Gegnern zu überlassen. Vor allem Yamamoto setzte sich nachdrücklich dafür ein, den Amerikanern Hawaii zu entreißen, um ein Wiedererstarken der Vereinigten Staaten im mittleren Pazifik zu verhindern. Im Gegensatz zu ihm sprach sich der Admiralstab für Operationen aus, die die Verbindung zwischen Amerika und Australien unterbrechen sollten, indem Neuguinea, der Bismarck-Archipel und verschiedene andere Inselgruppen besetzt wurden. Er spielte sogar mit dem Gedanken einer Invasion in Australien, aber diese Idee wurde vom Heer, das sich weiterhin auf

China und die Mandschurei konzentrierte und deshalb keine Truppen für Feldzüge fern der Heimat abstellen wollte, strikt abgelehnt.

Trotzdem sollte die Marine aus strategischen wie aus moralischen Gründen einige der von ihr geplanten Operationen durchführen. Der Plan des Admiralstabs wurde vorgezogen, denn es zeigte sich bereits, daß die Amerikaner Australien als Sprungbrett für eine Gegenoffensive benützen wollten und die Inselkette, die sich quer über den Südwestpazifik spannte, stetig ausbauten. Außerdem waren japanische Kräfte im März 1942 bereits nach Rabaul auf Neubritannien und von dort aus zur Küste Neuguineas und zu den nördlichen Salomonen vorgestoßen. Aber der einflußreiche Yamamoto plädierte erneut für einen Schlag gegen die amerikanische Trägerflotte in Hawaii, und seine Forderung wurde nachdrücklich unterstrichen, als die Amerikaner am 18. April einen Überraschungsangriff auf die japanische Hauptstadt Tokio flogen.

Seit dem Überfall auf Pearl Harbor hatten die Vereinigten Staaten hastig ihre Verteidigungskräfte im Pazifik umgruppiert, während der Gegner damit beschäftigt war, Südostasien zu besetzen. Am 31. Dezember 1941 übernahm Admiral King den Oberbefehl über die US-Navy, während Admiral Nimitz zum Oberbefehlshaber im Pazifik ernannt wurde. Beide waren energische, tatkräftige Männer, die den Kampf suchten. Aber sie erkannten, daß sie in diesem Stadium der Auseinandersetzungen vor allem die Pflicht hatten, mit ihren beschränkten Kräften hauszuhalten und die wichtige Inselbrücke nach Australien zu stärken.

In den ersten Monaten des Jahres 1942 wurden die amerikanischen Flugzeugträger deshalb hauptsächlich im Geleitzugdienst eingesetzt und schützten Truppentransporte nach Port Moresby, zu den Fidschi-Inseln und nach Neukaledonien, die rasch zu Inselfestungen ausgebaut wurden, um den erwarteten japanischen Vorstoß in den Südwestpazifik aufhalten zu können. Aber die Amerikaner gingen auch zum Angriff über, wenn sich ihnen die Gelegenheit dazu bot: So griffen am 1. Februar ihre Trägerflugzeuge die Marshall-Inseln an.

Fünf Wochen später veranlaßten Luftangriffe durch Maschinen der Flottenträger *Lexington* und *Yorktown* den Befehlshaber der an der Nordwestküste Neuguineas stehenden japanischen Truppen, den Vormarsch nach Port Moresby zu verschieben, bis Nagumos Trägergruppe von ihrem Ceylon-Unternehmen zurück war. Schon zu diesem Zeitpunkt zeigte sich, daß der Flugzeugträger in den Weiten des Pazifiks die entscheidende Angriffs- und Verteidigungswaffe sein würde.

Aber King und Nimitz sowie der Luftwaffengeneral Arnold arbeiteten bereits kühnere Pläne aus. Ihnen ging es darum, die amerikanische Kampfmoral durch einen Angriff auf das japanische Mutterland zu heben, wobei sie logischerweise an einen Luftangriff auf Tokio dachten, der in gewisser Beziehung die Revanche für Pearl Harbor sein sollte. Für diesen Angriff mußten notwendigerweise Flugzeugträger eingesetzt werden, denn Japan war zu weit von allen amerikanischen Flugplätzen entfernt. Andererseits schieden Trägerflugzeuge aus, denn der Start mußte außerhalb der 800-km-Grenze erfolgen, die von japanischen Wachschiffen kontrolliert wurde, und die U.S. Navy hatte kein Flugzeug, das etwa 1700 Kilometer weit fliegen konnte. Außerdem wollte Nimitz seine wenigen kostbaren Träger nicht dadurch aufs Spiel setzen, daß er sie warten ließ, bis die Maschinen nach dem Angriff zurückkamen.

Ein geeignetes Flugzeug war die B-25 Mitchell der amerikanischen Heeresluftwaffe, die von einem Flugzeugträger starten konnte, wenn die Piloten entsprechend ausgebildet waren. Das zweite Problem wurde dadurch gelöst, daß die Bomber nach dem Angriff auf Tokio zum nächsten alliierten Flugplatz weiterfliegen sollten, so daß die Träger umkehren konnten, sobald die Maschinen gestartet waren. Da dieser nächste Stützpunkt in Ostchina – rund 2400 Kilometer von Tokio entfernt – lag, war die B-25 das richtige Flugzeug für diesen Auftrag: Die mit Zusatztanks ausgerüsteten Maschinen konnten eine 900-kg-Bombe fast 4000 Kilometer weit schleppen und waren deshalb imstande, die beiden langen Etappen dieses Fluges zu bewältigen. Die Piloten unter Führung von Oberstleutnant Doolittle übten Kurzstarts und lange Überwasserflüge, um sich auf dieses Unternehmen vorzubereiten. Allerdings konnten dafür nur 16 Bomber eingesetzt werden, denn sie waren zu groß, um unter Deck transportiert zu werden, und brauchten beim Abflug viel Platz.

Der für dieses Unternehmen bestimmte Flugzeugträger *Hornet* verließ San Francisco am 2. April 1942 mit seinem Geleit aus Kreuzern und Zerstörern. Elf Tage später vereinigte er sich mit der „Task Force 16" (dem Träger *Enterprise* und dessen Geleit), die für den Luftschutz auf der Hinfahrt, bei der die Jäger der *Hornet* selbstverständlich in ihren Hangars bleiben mußten, sorgen sollte.

Die Weiterfahrt in Richtung Japan verlief glatt, bis die Kampfgruppe am frühen Morgen des 18. April von einem japanischen Wachschiff gesichtet und gemeldet wurde, als sie noch über 1100 Kilometer vor Tokio stand. Doolittle beriet sich besorgt mit Admiral Halsey, dem Befehlshaber des Trägerverbandes, und die beiden stimmten darin überein, daß es besser sei, die Bomber schon jetzt starten zu lassen, obwohl die zusätzliche Entfernung bis zum Ziel die Aussichten verringerte, daß die Maschinen nach dem Angriff tatsächlich China erreichten. Deshalb starteten die B-25 trotz schweren Seegangs zwischen 8.25 und 9.24 Uhr.

Diese Entscheidung erwies sich nachträglich als sehr richtig. Das japanische Oberkommando erfuhr durch Meldungen von Wachschiffen von der Annäherung des amerikanischen Trägerverbandes und ordnete entsprechende Abwehrmaßnahmen an; dazu gehörte, daß Jägerstaffeln und Flakbatterien alarmiert wurden, während Nagumos Trägerverband den Befehl zu einem Gegenangriff erhielt. Aber alle diese Vorbereitungen gingen von der Annahme aus, daß der amerikanische Angriff erst am nächsten Tag zu erwarten sei, wenn Japan in Reichweite der amerikanischen Trägerflugzeuge komme. Deshalb hatten Doolittles Bomber das Überraschungsmoment auf ihrer Seite, als sie vier Stunden nach dem Start Japan erreichten und Tokio, Kobe und Nagoja mit Spreng- und Brandbomben angriffen. Starker Rückenwind begünstigte ihren Weiterflug nach China, aber vielen Maschinen ging unterwegs der Treibstoff aus, und der Flugplatz Tschutschow war wegen eines Mißverständnisses nicht auf ihre Landung vorbereitet. Die Besatzungen mußten notlanden oder mit dem Fallschirm aussteigen; trotzdem überlebten 71 der 80 Besatzungsmitglieder. Auch die Flugzeugträger konnten sich absetzen, ohne angegriffen zu werden, und liefen am 25. April in Pearl Harbor ein, wo sie begeistert empfangen wurden. Wie Nimitz und King erwartet hatten, verbesserte dieser Luftangriff auf Tokio die amerikanische Kampfmoral spürbar.

Auf japanischer Seite herrschte nach dem Angriff beträchtliche Verwirrung – vor allem weil der Kaiserpalast der Gefahr eines feindlichen Bombenangriffs ausgesetzt gewesen war. Dehalb wurde beschlossen, vier Jägergruppen der Heeresluftwaffe zur Verteidigung von Tokio in der Umgebung der Hauptstadt zu stationieren und die Patrouillen- und Aufklärungsdienste zu reorganisieren. Gleichzeitig entsandte das japanische Heer eine große Strafexpedition in die chinesische Provinz Tschekiang, deren Bewohner die amerikanischen Flieger aufgenommen hatten.

Das wichtigste Ergebnis des Luftangriffs auf Tokio war jedoch, daß er eine Entscheidung über die Rangfolge der strategischen Ziele Japans herbeiführte. Die Gefahr weiterer Angriffe amerikanischer Trägerflugzeuge auf Tokio und vielleicht den Kaiserpalast bewog den Admiralstab dazu, seinen Widerstand gegen Yamamotos Plan aufzugeben, der weitere Vorstöße im mittleren Pazifik vorsah. Diese Operation mit dem Ziel, die amerikanische Pazifikflotte zu vernichten und Hawaii als gegnerischen Stützpunkt auszuschalten, wurde viel wichtiger als der

Versuch, die Inselbrücke zwischen Amerika und Australien zu besetzen. Am 5. Mai erließ Admiral Nagano, der Chef des Admiralstabs, deshalb die Weisung Nr. 18 des Kaiserlichen Hauptquartiers, die Yamamoto den Auftrag erteilte, „die Besetzung der Insel Midway und wichtiger Punkte der westlichen Aleuten im Zusammenwirken mit dem Heer durchzuführen".

Trotzdem sollte der Vorstoß in den Südwestpazifik nicht vollständig eingestellt werden. Nachdem der japanischen Marine die Eroberung Südostasiens in so kurzer Zeit gelungen war, daß selbst die größten Optimisten in Tokio darüber gestaunt hatten, traute sie sich jetzt zwei Unternehmen gleichzeitig zu, obwohl die jeweiligen Stoßrichtungen auseinanderführen würden. Jedenfalls hatte das Kaiserliche Hauptquartier schon am 28. April die Besetzung der Insel Tulagi im Süden der Salomonen und von Port Moresby im Süden Papua-Neuguineas befohlen. Tulagi sollte als vorgeschobener Stützpunkt für japanische Seeflugzeuge dienen, während Port Moresby das australische Queensland in die Reichweite japanischer Bomber bringen würde. Außerdem sollten Nauru und die Ozean-Inseln besetzt werden, damit die japanische Landwirtschaft von ihren bedeutenden Phosphatvorkommen profitieren konnte.

Da diese Schritte bereits einmal wegen des Einsatzes amerikanischer Flugzeugträger verschoben worden waren, war der japanische Admiralstab entschlossen, keine weitere Verschiebung zuzulassen, und hegte die Überzeugung, die Unternehmen könnten so rechtzeitig beendet werden, daß die eigenen Flugzeugträger Anfang Juli für den Schlag gegen Midway zur Verfügung stehen würden. Sobald die amerikanische Pazifikflotte vernichtet und Hawaii neutralisiert war, würden die Japaner weitere Schritte zur Unterbrechung der Verbindung zwischen Australien und Amerika unternehmen, indem sie die Neuen Hebriden, Neukaledonien, die Fidschi-Inseln und die Samoa-Inseln besetzten.

Der Vorstoß in die Korallensee stand unter dem Oberbefehl von Admiral Inouje, dem Befehlshaber der 4. Flotte, der das Unternehmen von Rabaul aus leiten sollte. Sobald er den Befehl vom 28. April erhalten hatte, waren Truppen in Bereitschaft versetzt und verschiedene Flottenverbände vor der Karolinen-Insel Truk zusammengezogen worden. Nach Konsultationen mit Tokio arbeiteten Inouje und sein Stab dann den endgültigen, sehr komplizierten Plan aus.

Am 3. Mai sollten japanische Truppen Tulagi besetzen – eine kleine Insel nördlich vor der Salomonen-Insel Guadalcanal. Die Landung würde durch Zerstörer und Minensucher gedeckt werden, während der Leichte Flugzeugträger *Shoho* und vier schwere Kreuzer unter Befehl von Vizeadmiral Goto den Landungsraum aus der Ferne abschirmen würden, um danach auch das Unternehmen gegen Port Moresby zu unterstützen.

Ein Teil der zur Eroberung von Tulagi angesetzten Einheiten sollte später Nauru und die Ozean-Inseln besetzen. Am 4. Mai würde die für Port Moresby vorgesehene Invasionsflotte – elf Truppentransporter mit einem Geleit aus Zerstörern und Minensuchern – aus Rabaul auslaufen, um sechs Tage später ihr Ziel zu erreichen. Verstärkt wurde dieser Verband durch zwei schwere Kreuzer, während Gotos Schiffe ebenfalls zur

Unterstützung bereitstanden. Gleichzeitig sollte ein Seeflugzeugträger einen neuen Stützpunkt auf der Insel Deboyne im Louisiaden-Archipel vor der Südspitze Papua-Neuguineas errichten. Um etwaige amerikanische Gegenangriffe abwehren zu können, lauerte im Hintergrund Admiral Haras 5. Trägerdivision mit den Flugzeugträgern *Zuikaku* und *Shokaku*, zwei Kreuzern und sechs Zerstörern, wobei dieser Verband unter der taktischen Führung Admiral Takagis stand. Die beiden Träger hatten 42 Jäger und 82 Bomber an Bord, dazu kamen noch über 150 in Rabaul stationierte Flugzeuge.

Auf alliierter Seite waren die Zuständigkeiten im Pazifik Anfang 1942 grundlegend neu verteilt worden, nachdem Churchill und Roosevelt sich über das schwierige Problem des jeweiligen Oberbefehls geeinigt hatten. Während der europäische Kriegsschauplatz unter anglo-amerikanischer Verantwortung blieb, waren die Engländer für alle Operationen in Sumatra, Burma, Malaya, Indochina, Indien und dem Indischen Ozean zuständig; gleichzeitig umfaßte der Zuständigkeitsbereich der Amerikaner Australien, Neuseeland, die Philippinen und Niederländisch-Ostindien ohne Sumatra. China galt als eigener Kriegsschauplatz, für den jedoch die Amerikaner zuständig blieben.

Nach dieser Einigung teilten die amerikanischen Vereinigten Stabschefs ihren Bereich in zwei Gebiete auf: Der Südwestpazifik unterstand General MacArthur, der sein Hauptquartier in Australien hatte, und umfaßte außerdem Niederländisch-Ostindien, die Philippinen, den Bismarck-Archipel und Neuguinea; der restliche Pazifik unterstand Nimitz auf Hawaii.

Dieses riesige Seegebiet wurde weiter in einen Nord-, Mittel- und Südpazifik unterteilt, wobei letzterer Abschnitt Admiral Ghormley unterstand. Da MacArthur General Marshall und Nimitz Admiral King unterstellt war, mußten etwaige Meinungsverschiedenheiten zwischen den beiden Oberbefehlshabern von den Vereinigten Stabschefs geschlichtet werden. Gründe für Meinungsverschiedenheiten gab es theoretisch viele – beispielsweise die Entscheidung, daß Nimitz stets für den Einsatz der Flugzeugträger und MacArthur für den der Heeresbomber zuständig sein sollte –, aber die beiden Oberbefehlshaber waren durch die einfache Tatsache, daß der japanische Vorstoß genau die Nahtstelle zwischen ihren Befehlsbereichen – auf den Salomonen – traf, dazu gezwungen, an einem Strang zu ziehen. Aus diesem Zwang heraus entwickelte sich frühzeitig ein Zusammenwirken von MacArthurs Bodentruppen mit Nimitz' Flottenverbänden, von der spätere Operationen eindeutig profitierten.

In diesem Zeitraum hatten auch die Amerikaner Truppen und Nachschub nach Australien und auf die vorgelagerte Inselkette geschafft. Trotzdem war dieses Gebiet so riesig, daß die höchst beweglichen japanischen Kräfte fast überall zuschlagen und einzelne Garnisonen überwältigen konnten. Zum Glück für die Alliierten war es den Amerikanern kurz nach dem Überfall auf Pearl Harbor gelungen, den japanischen Marinekode zu knakken. Dieser Durchbruch sowie die Tatsache, daß die Amerikaner den Diplomatenkode des Gegners kannten, bedeuteten einen gewaltigen Vorteil für Washington und gaben ihm die Möglichkeit, rechtzeitig alle Vorbereitungen zur Abwehr japanischer Angriffe zu treffen. In diesem Fall erkannten die Amerikaner bald, was der Gegner vorhatte, und Nimitz verlegte sofort alle verfügbaren Kräfte in den Südwestpazifik.

Ob die Flugzeugträger *Hornet* und *Enterprise* rechtzeitig von dem Luftangriff auf Tokio zurückkommen würden, war zweifelhaft, aber die Träger *Yorktown* und *Lexington* (42 Jäger, 99 Bomer) wurden mit ihrem Geleit aus fünf schweren Kreuzern und elf Zerstörern in die Korallensee in Marsch gesetzt. Außer diesen Schiffen standen lediglich noch zwei australische und ein amerikanischer schwerer Kreuzer unter dem Kommando des englischen Vizeadmirals Grace zur Verfügung. Vizeadmiral Fletcher, der sich bald als einer der erfolgreichsten Trägerkommandanten des Krieges erweisen sollte, führte diesen Verband mit dem einfachen Ziel, die Japaner an der Einnahme Port Moresbys zu hindern. Falls es gelang, die Zuständigkeiten rechtzeitig zu klären, würden MacArthurs Luftstreitkräfte in Australien und Neuguinea flankierend in den Kampf eingreifen, aber von Anfang an war klar, daß die eigentliche Entscheidung zwischen den fast gleichstarken Trägergruppen fallen würde.

Der Kampf begann am 3. Mai, als die Japaner Tulagi besetzten, ohne auf Gegenwehr zu stoßen, da die schwache australische Garnison zuvor abgezogen worden war. Zu diesem Zeitpunkt befand Takagis Kampfgruppe sich auf dem Marsch entlang der Ostküste der Salomonen, um in die Korallensee einzudrehen und etwa dort stehenden amerikanischen Kräften in den Rücken zu fallen.

Die amerikanische Kampfgruppe war geteilt, denn die *Lexington* (Vizeadmiral Fitch) stand weit im Süden und übernahm noch Treibstoff, während der wagemutige Fletcher beschlossen hatte, sich mit der *Yorktown* auf die Suche nach den japanischen Schiffen zu machen, bevor die *Lexington* am nächsten Tag wieder zu ihm aufschloß. Um 19 Uhr erfuhr er jedoch von der Landung auf Tulagi, nahm sofort Kurs auf die Insel und entsandte den Tanker *Neosho* und einen Zerstörer an den mit Fitch vereinbarten Treffpunkt und ließ die *Lexington* auffordern, am nächsten Tag 300 Seemeilen südlich von Guadalcanal mit ihm zusammenzutreffen. Diese Nachricht konnte selbstverständlich nicht über Funk durchgegeben werden, weil die Japaner sonst Fletchers Kampfgruppe hätten anpeilen können. Im Laufe des 4. Mai griffen die Flugzeuge der *Yorktown* die japanischen Schiffe vor Tulagi dreimal an, versenkten einen Zerstörer und drei Minensucher, beschädigten mehrere kleine Schiffe und verloren drei Maschinen. Im Verhältnis zur abgeworfenen Bombenlast war das jedoch ein ziemlich enttäuschendes Ergebnis.

Am 5. Mai trafen die beiden amerikanischen Flugzeugträger wieder zusammen und liefen mit Graces schweren Kreuzern durch die Korallensee nach Port Moresby. Unterdessen umrundete Takagis Trägerverband die südlichen Salomonen, während die für Port Moresby bestimmte Invasionsflotte von Rabaul aus gleichmäßig nach Süden dampfte. Weder an diesem noch am nächsten Tag kam es zu Kampfhandlungen, aber Fletcher wußte aus Nachrichtendienstmeldungen, daß der Invasionskonvoi unterwegs war, und wollte ihn am

7. Mai angreifen. Beide Trägergruppen wußten nicht, wo die andere stand, obwohl sie beide bald durch Falschmeldungen irregeführt werden sollten.

Am Morgen des 7. Mai entdeckten japanische Aufklärungsflugzeuge den Tanker *Neosho* und den Zerstörer *Sims*, die von Fletcher weggeschickt worden waren, und sprachen sie als einen Flugzeugträger und einen Kreuzer an. Hara glaubte dieser Meldung und befahl einen Großangriff mit 87 Maschinen, die die beiden amerikanischen Schiffe mit einem wahren Hagel von Bomben und Torpedos überschütteten. Der Zerstörer sank kurz nach Mittag mit schweren Verlusten, aber der brennende Tanker trieb noch bis zum 11. Mai nach Westen; an diesem Tag rettete der Zerstörer *Henley* 123 Mann der Tankerbesatzung und versenkte das Schiff. Wichtig war jedoch, daß dieser Angriff die japanische Trägergruppe zu einem Zeitpunkt abgelenkt hatte, in dem auch Fletchers Flugzeuge anderweitig beschäftigt waren, so daß seine Träger fast wehrlos gewesen wären.

Der amerikanische Admiral war so fest entschlossen, die japanische Invasionsflotte aufzuhalten, daß er Grace anwies, mit den schweren Kreuzern unverzüglich nach Port Moresby zu laufen, weil Gefahr bestand, daß die Japaner seine Flugzeugträger außer Gefecht setzen würden. Tatsächlich verringerte sich durch die Entsendung dieser Kreuzer lediglich Fletchers Flakschutz, ohne daß Graces Schiffe eine entscheidende Rolle hätten spielen können. Andererseits wurden sie im Laufe dieses Tages wiederholt von landgestützten japanischen Flugzeugen angegriffen, ohne Treffer zu erhalten, und dienten vermutlich als Lockvögel, die diese Angreifer von den amerikanischen Trägern abzogen. Außerdem irritierten diese Bewegungen Inouje in Rabaul so sehr, daß er die Invasionsflotte anwies, nach Norden abzudrehen, bis die Schlacht entschieden war.

Etwa zu diesem Zeitpunkt, in dem Hara seine Flugzeuge die *Neosho* und *Sims* angreifen ließ, erhielt auch Fletcher eine Falschmeldung, nach der nördlich der Louisiaden zwei Flugzeugträger und vier schwere Kreuzer gesichtet worden seien. Da er diesen Verband für die feindliche Hauptstreitmacht hielt, starteten 93 Maschinen von den amerikanischen Trägern. In Wirklichkeit stellte sich jedoch bald heraus, daß die Meldung falsch aufgenommen worden war: Der Pilot hatte lediglich zwei Kreuzer und zwei Zerstörer gesichtet. Trotzdem ließ Fletcher den Angriff in der Hoffnung weiterlaufen, daß der japanische Invasionskonvoi sich zumindest in der Nähe dieses Verbandes aufhalten würde.

Dieser Wagemut wurde teilweise belohnt, als die amerikanischen Flugzeuge kurz nach elf Uhr das Geleit der Truppentransporter sichteten. Sie stießen zum Angriff hinab, konzentrierten sich auf den Kleinen Träger *Shoho* und trafen ihn mit 13 Bomben und sieben Torpedos, so daß er eine halbe Stunde später sank. „Einen Träger streichen", lautete die Siegesmeldung, die an Admiral Fletcher gefunkt wurde.

Beide Trägergruppen hatten aufgrund von Falschmeldungen den größeren Teil ihrer Flugzeuge für Angriffe auf Nebenziele eingesetzt. Beide hielten jetzt ihre Maschinen zurück und warteten genauere Meldungen über den Standort des Gegners ab. Am Abend des 7. Mai erfuhren die Japaner, wo Fletcher stand, und Hara schickte 27 seiner besten Nachtflieger zu einem Überraschungsangriff los. Sie fanden ihr Ziel jedoch nicht, weil die Sicht zu schlecht war, und wurden von den mit Radar herangeführten amerikanischen Jägern verbissen angegriffen. Neun dieser Bomber wurden abgeschossen, und ein weiterer ging verloren, als er versehentlich auf der *Yorktown* zu landen versuchte. Die restlichen Angreifer fanden schließlich zu den japanischen Trägern zurück, wo weitere elf Maschinen bei den Nachtlandungen zu Bruch gingen; nur sechs Bomber überstanden diesen Einsatz.

Nachts überlegten beide Admirale, ob sie ihre Kreuzer zum Angriff vorschicken sollten, und beschlossen dann, bis zum Morgen zu warten und neue Angriffe fliegen zu lassen. Nachdem Aufklärungsflugzeuge beider Seiten festgestellt hatten, wo die jeweiligen Trägergruppen standen, starteten die amerikanischen und japanischen Maschinen am 8. Mai gegen neun Uhr. Eineinhalb Stunden später sichteten die insgesamt 76 amerikanischen Flugzeuge die japanischen Schiffe, aber der Träger *Zuikaku* verschwand fast augenblicklich in einem Regenschauer. Daraufhin konzentrierten sich die Angriffe auf die *Shokaku*, die von drei Bomben getroffen wurde. Andererseits erwiesen die Torpedos sich als wirkungslos: Der Flugzeugträger erhielt keine Treffer unterhalb der Wasserlinie, und seiner Besatzung gelang es, die Brände zu löschen. Um 13 Uhr lief er mit langsamer Fahrt nach Truk. Zwei Stunden zuvor hatten 51 japanische Bomber Fletchers Trägergruppe entdeckt, die wenigen amerikanischen Jäger vertrieben und ihre Angriffe geflogen. Die wendigere *Yorktown* wich vielen

Angriffen aus und schaffte es, noch Flugzeuge landen und starten zu lassen, nachdem sie von einer 350-kg-Bombe getroffen worden war. Aber die *Lexington* mit ihrem größeren Drehkreis wurde bei einem Massenangriff von Torpedobombern zweimal getroffen. Wenig später erhielt sie auch zwei Treffer von Sturzkampfbombern, aber als die Angreifer gegen 11.20 Uhr abdrehten, war sie noch steuerfähig und hatte ihre starke Schlagseite durch Fluten ausgeglichen. Etwa eine Stunde später wurde das Schiff jedoch von gewaltigen innerlichen Explosionen erschüttert, nachdem sich Treibstoffdämpfe entzündet hatten, und geriet in Brand. Um 16.30 Uhr machte die *Lexington* keine Fahrt mehr, und die Besatzung wurde rasch von anderen Schiffen übernommen, bevor der Zerstörer *Phelps* den brennenden Flugzeugträger mit fünf Torpedos versenkte.

Damit war die Seeluftschlacht in der Korallensee zu Ende: Japaner wie Amerikaner zogen sich zurück. Hara war der Überzeugung, seine Piloten hätten beide amerikanischen Träger versenkt, erhielt später von Yamamoto den Befehl, nach den Resten der feindlichen Kampfgruppe zu suchen, und mußte feststellen, daß Fletcher dieses Seegebiet verlassen hatte.

Trotzdem verzichtete der vorsichtige Inouje vorerst auf die Invasion bei Port Moresby, weil er schwere Angriffe landgestützter alliierter Flugzeuge befürchtete. Auch der Plan, Nauru und die Ozean-Inseln zu besetzen, wurde aufgegeben. Die Amerikaner konnten deshalb mit Recht behaupten, einen strategischen Sieg errungen und den japanischen Vorstoß in den Südwestpazifik erstmals zum Stehen gebracht zu haben. Die Verlustziffern zeigten jedoch, daß dies nur ein recht knapper Sieg gewesen war. Die Amerikaner hatten einen Flottenträger, einen Zerstörer, einen Tanker und 74 Flugzeuge verloren; ihre Verluste betrugen 543 Gefallene und Verwundete. Dem standen auf japanischer Seite der Verlust eines kleinen Flugzeugträgers, die beim Angriff der *Yorktown* auf Tulagi versenkten Schiffe, über 100 abgeschossene oder schwer beschädigte Flugzeuge und 1074 Gefallene und Verwundete gegenüber.

Aus heutiger Sicht ist festzustellen, daß der amerikanische Sieg doch deutlicher ausgefallen war, als es zunächst den Anschein haben mochte. Dies war die erste große Seeluftschlacht gewesen, bei der die feindlichen Schiffe sich in fünftägigen Kämpfen kein einziges Mal gesichtet hatten. Auf diese Art und Weise würden in den Weiten des Pazifiks auch zukünftige Schlachten geschlagen werden, zumal beide Seiten sich auf den Kampf um Midway vorbereiteten. Aber während die beiden japanischen Flugzeugträger außer Gefecht gesetzt waren – die *Shokaku* wegen der Bombentreffer, die *Zuikaku* wegen hoher Verluste bei ihren Flugzeugbesatzungen –, gelang es Fletcher, die *Yorktown* bis zur nächsten Runde des Kampfes instand setzen zu lassen.

Midway

Während der Kampf zwischen Fletcher und Inouje noch unentschieden war, erhielt Yamamoto mit der Weisung vom 5. Mai 1942 den Auftrag, Midway und Teile der Aleuten zu erobern. Midway liegt 1800 Kilometer westnordwestlich von Pearl Harbor; es diente als Luftwaffen- und Seefliegerstützpunkt und konnte für beide Seiten sehr wichtig sein, falls die Japaner sich zu einem Angriff auf die Hawaii-Inseln entschlossen. Gelang es japanischen Kräften, die Insel zu besetzen, konnten sie die dortigen Aktivitäten der Amerikaner ständig überwachen. Das war jedoch keineswegs das Hauptziel von Yamamotos großangelegtem Unternehmen; ihm ging es vor allem um die amerikanischen Flugzeugträger, die vernichtet werden mußten, um ein Wiedererstarken von Japans mächtigstem Gegner im Pazifik für absehbare Zeit zu verhindern. Die Besetzung Midways war mit anderen Worten der Köder, mit dem Nimitz dazu verlockt werden sollte, den Kampf mit der weit überlegenen japanischen Flotte aufzunehmen.

Die Gründe für das Unternehmen auf den Aleuten waren viel einfacher. Diese langgestreckte Inselkette im Nordpazifik liegt auf der kürzesten Route von Tokio nach San Francisco; auf der Karte schien das die logischste Vormarschrichtung zu sein. Obwohl die Inseln kahle Felsengebilde sind, die von Stürmen umtost werden und häufig in Neben gehüllt sind, und trotz der Tatsache, daß sie für die Anlage von Luftwaffen- oder Marinestützpunkten und als Landbrücke für einen Vorstoß über den Pazifik denkbar ungeeignet waren, fürchteten beide Seiten, der Gegner könnte über die Inseln hinweg ins jeweils andere Land vorstoßen. Deshalb setzten Japan und die Vereinigten Staaten während des Krieges starke Flieger- und Bodentruppen zum Schutz der Aleuten ein. Jetzt wollten die Japaner die Inseln Kiska, Adak und Attu besetzen und zu Stützpunkten ausbauen, um ein weiteres Vordringen der Amerikaner nach Westen zu verhindern. Außerdem sollte diese Operation von dem Hauptvorstoß gegen Midway und die amerikanische Flotte ablenken.

Yamamoto hatte sich entschlossen, zur Durchführung dieses großen Plans die gesamte japanische Flotte – mit Ausnahme einiger kleinerer Verbände, die anderswo benötigt wurden – einzusetzen: etwa 200 Kriegsschiffe, darunter elf Schlachtschiffe, acht Flugzeugträger, 22 Kreuzer, 65 Zerstörer und 21 U-Boote. Ebenfalls eingesetzt werden sollten über 600 Flugzeuge, davon 407 Trägerflugzeuge.

Um dieser gewaltigen Streitmacht gerecht zu werden, arbeitete Yamamotos Stab einen der kompliziertesten Schlachtpläne aus, den die Welt je gesehen hatte. Vor der Flotte her sollten U-Boote laufen, die drei Suchstreifen bilden und sich bemühen würden, amerikanische Überwassereinheiten abzufangen. Die für Midway gebildete Invasionsflotte wurde Admiral Kondo unterstellt und bestand aus zwölf Truppentransportern, die 5000 Mann transportierten, mit Geleitzerstörern und einer Nahunterstützungsgruppe aus vier schweren Kreuzern. In gewissem Abstand folgte Kondo persönlich mit zwei Schlachtschiffen, einem leichten Flugzeugträger, vier schweren Kreuzern und Geleitzerstörern.

Noch weiter dahinter stand Nagumos 1. Trägergruppe mit den Flugzeugträgern *Akagi, Kaga, Hiryu* und *Soryu*, die gemeinsam über 250 Flugzeuge an Bord hatten und von zwei Schlachtschiffen, zwei schweren Kreuzern und Zerstörern gesichert wurden. Die Nachhut bildete die eigentliche Schlachtflotte unter Yamamotos Befehl: sein Flaggschiff *Yamato*, mit über 70 000 tons und neun 45,9-cm-Geschützen das größte Schlachtschiff der Welt, zwei weitere Schlachtschiffe, zwei schwere Kreuzer und viele Zerstörer.

Die auf die Aleuten angesetzte Invasionsflotte war etwas kleiner und bestand aus drei Truppentransportern mit 2400 Mann, Geleitzerstörern und einer Unterstützungsgruppe mit zwei Kreuzern. Auch ihr folgten in einigem Abstand eine Trägergruppe aus zwei kleinen Trägern und Geleitzerstörern sowie ein Deckungsverband mit vier älteren Schlachtschiffen und weiteren Zerstörern.

Entscheidend wichtig war natürlich ein genauer Zeitplan, da für alle Schiffe – auch für Yamamotos Flaggschiff – Funkstille befohlen war, um den Aufmarsch geheimzuhalten. Das Unternehmen sollte auf den Aleuten beginnen: Nach Luftangriffen am 3. Juni auf Dutch Harbor würden drei Tage später die Landungen auf Kiska, Adak und Attu erfolgen. Am 4. Juni würden Nagumos Trägerflugzeuge die Flugplätze auf Midway zerstören. Das Atoll Kure – 100 Kilometer westlich von

Midway – würde am 5. Juni besetzt und als Seeflugzeugstützpunkt eingerichtet werden. Im Morgengrauen des nächsten Tages sollten japanische Kreuzer Midway beschießen, bevor die Landung erfolgte, die auch von Kondos Schlachtschiffen gedeckt werden würde.

Nagumos und Yamamotos schlagkräftige Flotten würden unterdessen Wartepositionen beziehen. Da die amerikanischen Flugzeugträger vermutlich in Pearl Harbor lagen, würden sie das Gebiet um Midway erst nach der Landung erreichen können. Falls Nimitz seine Schiffe nach Norden schickte, sobald er von den Angriffen auf die Aleuten erfuhr, würde die Meldung von dem Schlag gegen Midway die Amerikaner aus dem Gleichgewicht bringen, während die Japaner auf diese Weise die Möglichkeit hatten, den Gegner zwischen ihre starken Trägergruppen und die sie unterstützenden Schlachtflotten zu bringen.

Komplizierte Pläne mit zahlreichen selbständigen Verbänden und Scheinangriffen waren nichts Neues für die japanische Marine, aber dieser Plan sprengte den Rahmen des bisher Üblichen völlig; außerdem war er sehr wenig flexibel, weil sich alles um den Invasionskonvoi drehte. Wie bereits erwähnt, war die Besetzung Midways und der Aleuten trotz ihrer Bedeutung als strategische Vorposten im Grunde genommen eine taktische Maßnahme, denn Yamamoto ging es in erster Linie um die Vernichtung der amerikanischen Flugzeugträger, die seiner Überzeugung nach möglich sein würde, sobald Nimitz auf den Vorstoß gegen Midway reagierte. Aber in der Praxis erhielten die Bedürfnisse der taktischen Operation doch Vorrang vor Maßnahmen, die notwendig gewesen wären, um das größere Ziel zu erreichen.

Beispielsweise war Yamamoto nicht bereit, zu warten, bis die *Zuikaku* ihre Verluste aus der Schlacht in der Korallensee ersetzt hatte, weil er den idealen Mondstand Anfang Juni ausnützen wollte, um nicht später unter schwierigeren Umständen die Landungen durchführen zu müssen. Außerdem wurden buchstäblich alle Schiffsbewegungen auf die Geschwindigkeit der langsamen Truppentransporter abgestellt. Zudem wurden die japanischen Kräfte verzettelt eingesetzt, wie wir bereits gesehen haben: Zwei der wichtigen Flugzeugträger wurden vor den Aleuten eingesetzt, während weitere zwei bei den Schlachtschiffen blieben, anstatt zusammengefaßt und zur Vernichtung der amerikanischen Träger eingesetzt zu werden.

Ein Ablenkungsmanöver war vorteilhaft, wenn das Hauptziel der Operation die Eroberung Midways war. Sollten jedoch vor allem die amerikanischen Flugzeugträger vernichtet werden, war es weniger zweckmäßig, sie zuerst nach Norden locken zu wollen. Die Japaner hatten den Fehler gemacht, zu sehr darauf zu bauen, daß ein bestimmter Punkt zu einer bestimmten Zeit erobert sein würde, was alle Änderungen des ursprünglichen Plans unnötig erschwerte.

Das alles hätte vielleicht keine große Rolle gespielt, wenn der Angriff Nimitz überrascht hätte, wie Yamamoto es plante. Aber auch diesmal hatte der amerikanische Nachrichtendienst die Funksprüche des Gegners entschlüsselt und wußte, was zu erwarten war. Ohne diesen gewaltigen Vorteil hätten die Amerikaner selbstverständlich kaum eine Chance gegen den übermächtigen Gegner gehabt. Midway wurde lediglich von 3000 Mann verteidigt. Auf der Insel waren 121 Flugzeuge stationiert, von denen 32 Aufklärungs-Flugboote des Typs Catalina waren. Die amerikanische Pazifikflotte hatte in Pearl Harbor kein einziges Schlachtschiff mehr und besaß nach der Seeluftschlacht in der Korallensee nur noch zwei einsatzbereite Träger – *Enterprise* und *Hornet* –, unterschiedlich kampfstarke 13 Kreuzer und etwa 30 Zerstörer. Die Lage war so ernst, daß die beschädigte *Yorktown*, die Pearl Harbor am Nachmittag des 27. Mai erreicht hatte, innerhalb von drei Tagen repariert und gefechtsklar gemacht wurde. Auf diesen drei Trägern mit ihren 233 Flugzeugen ruhten die amerikanischen Hoffnungen.

Nimitz schickte die beiden Trägerkampfgruppen (Task Force 16 mit der *Yorktown* unter Befehl von Fletcher und Task Force mit *Hornet* und *Enterprise* unter Befehl von Vizeadmiral Spruance) in das Seegebiet nordöstlich von Midway, wo sie vor japanischer Luftaufklärung sicher waren, aber die genaue Position der gegnerischen Flotte von den auf Midway stationierten Catalinas übermittelt bekommen und imstande sein würden, die Japaner von der Flanke aus anzugreifen. Am 2. Juni hatten sie dort Position bezogen, während die einzelnen japanischen Verbände nach Osten liefen. Schon zu diesem Zeitpunkt klappte Yamamotos komplizierter Plan nicht ganz, denn er hatte veranlaßt, daß Pearl Harbor vom 31. Mai bis zum 3. Juni von zwei Flugbooten überwacht werden sollte, die bei French Frigate Shoals, 750 Kilometer nordwestlich von Hawaii, von einem

U-Boot betankt werden sollten. Aber die Amerikaner wußten davon und hatten zwei Seeflugzeug-Träger dorthin entsandt, die eine japanische Luftaufklärung verhinderten, so daß Yamamoto nicht erfuhr, daß die Pazifikflotte Pearl Harbor schon vor einigen Tagen verlassen hatte.

Selbst als die Invasionsflotte am 3. Mai von Catalinas gesichtet und dann von Fliegenden Festungen bombardiert wurde, glaubte Yamamoto weiterhin, Nimitz' Schiffe lägen noch in Pearl Harbor und würden von dem am gleichen Tag beginnenden Angriff auf die Aleuten gänzlich abgelenkt werden.

Am 4. Mai um 4.45 Uhr ließen Nagumos vier Flugzeugträger, die zu diesem Zeitpunkt rund 400 Kilometer nordwestlich von Midway standen, 108 Bomber und Jäger zu einem Angriff auf die Insel starten. Unmittelbar darauf wurde eine gleichstarke zweite Welle startklar gemacht. Diesmal trugen die Flugzeuge jedoch hauptsächlich Torpedos, weil sie amerikanische Schiffe angreifen sollten, sobald die eigenen Aufklärer sie gefunden hatten. Auf japanischer Seite rechnete man damit, daß ein Angriff genügen würde, um den gegnerischen Luftschirm über Midway zu zerstören. Das stimmte auch, denn die japanischen Flugzeuge beherrschten den Himmel über der Insel, bombardierten amerikanische Einrichtungen, Flugplätze und Öltanks und schossen bei nur sechs eigenen Verlusten 17 amerikanische Maschinen ab.

Der Angriffsführer, Oberleutnant Tomonaga, meldete Nagumo jedoch um 7 Uhr über Funk: „Ein zweiter Angriff auf Midway ist erforderlich." Zehn Minuten später schien diese Meldung bestätigt zu werden, als die japanischen Flugzeugträger von zehn Torpedobombern von der Insel angegriffen wurden. Nur drei der amerikanischen Maschinen entgingen dem Flakfeuer und den Zeros, aber dieser Angriff genügte, um Nagumo von einer Änderung seiner Absichten zu veranlassen. Um 7.15 Uhr gab er den verhängnisvollen Befehl, die zweite Welle der Trägerflugzeuge solle Bomben statt Torpedos mitnehmen. Auch in diesem Fall erwiesen taktische Zwänge sich als wichtiger als die größere strategische Zielsetzung.

Unterdessen waren die beiden amerikanischen Trägergruppen, die unter dem taktischen Oberbefehl Fletchers standen, nach Westen gelaufen, um an Nagumos Flanke in Angriffsposition zu kommen.

Um sechs Uhr waren sie noch etwa 300 Kilometer von den japanischen Flugzeugträgern entfernt, deren Position ständig von amerikanischen Aufklärungsflugzeugen beobachtet und gemeldet wurde. Eine Stunde später ließ Spruance die ersten der 67 Sturzkampfbomber, 29 Torpedobomber und 20 Begleitjäger seiner beiden Träger starten; eineinhalb Stunden später folgten ihnen die 17 Sturzkampfbomber, zwölf Torpedobomber und sechs Jäger der *Yorktown*.

Erst zu diesem Zeitpunkt (7.28 Uhr) wurden die amerikanischen Flugzeugträger von einem Aufklärungsflugzeug des japanischen Kreuzers *Tone* gesichtet, das wegen eines Katapultschadens erst mit Verspätung hatte starten können. Aber die erste Meldung des Wasserflugzeugs gab lediglich Position und Kurs von „zehn Schiffen, offenbar feindlich" an, ohne dem aufgebrachten

Nagumo die Zusammensetzung des amerikanischen Verbandes mitzuteilen. Falls zu ihm auch Flugzeugträger gehörten, entstand eine völlig andere Situation. Um 7.45 Uhr widerrief Nagumo deshalb seinen ursprünglichen Befehl und ordnete an, die „Kates" wieder mit Torpedos statt Bomben zu bewaffnen, obwohl das Aufklärungsflugzeug wenige Minuten später über Funk meldete, daß der feindliche Verband nur aus Kreuzern und Zerstörern bestehe.

Die Ereignisse überstürzten sich dann derartig, daß Nagumo unschlüssiger und verwirrter als je zuvor war. Seine Flugzeugträger wurden von auf Midway stationierten amerikanischen Bombern angegriffen, die von japanischen Zeros abgewehrt wurden. Während diese Luftschlacht im Gange war, schoß das amerikanische U-Boot *Nautilus* einen Torpedo auf eines von Nagumos Schlachtschiffen ab, ohne es jedoch zu treffen oder selbst von den Geleitzerstörern versenkt zu werden. Fünf Minuten vor diesem Angriff, um 8.20 Uhr, gab das Wasserflugzeug der *Tone* eine bedrohlich klingende Meldung durch: „Feindlicher Verband wird anscheinend von einem Träger begleitet."

Zu diesem Zeitpunkt kamen jedoch die ersten Kampfflugzeuge aus Midway zurück – einige beschädigt, alle knapp an Treibstoff. Nagumo ignorierte den Ratschlag Vizeadmirals Yamagutschis, die verfügbaren Maschinen („Val"-Sturzkampfbomber) sofort gegen die feindlichen Schiffe einzusetzen, und befahl statt dessen, die an Deck stehenden Flugzeuge nach unten zu schaffen, während die landenden Maschinen betankt und bewaffnet wurden.

Von 8.35 Uhr bis 9.15 Uhr landeten die zurückkommenden Flugzeuge auf den vier Trägern, und Nagumo befahl unmittelbar danach eine Kursänderung nach Nordosten, dem Feind entgegen, während er einen massierten Angriff von 90 Bombern mit Begleitjägern vorbereiten ließ. Diese Entscheidungen sollte er bald zutiefst bereuen, denn wenig später wurde ihm gemeldet, daß eine große Anzahl feindlicher Flugzeuge sich von Süden her im Anflug befinde. Dabei handelte es sich um die beiden Torpedobomberstaffeln der Task Force 16, die nach Norden abgedreht hatten, als sich herausstellte, daß der ursprünglich gemeldete Kurs des Gegners nicht mehr stimmte, und Nagumos Schiffe durch Rauchwolken am Horizont entdeckt hatten.

Gegen so langsame Flugzeuge konnten die Japaner sich jedoch ohne große Mühe verteidigen, selbst als die Torpedobomber der *Yorktown* ebenfalls auf der Bildfläche erschienen, um von der anderen Seite aus anzugreifen. Während die Geleitschiffe die Angreifer mit schwerem Flakfeuer empfingen, stürzten sich etwa 50 Zeros auf die Devastator-Bomber, die lediglich von sechs Wildcats begleitet wurden. Der Angriff entwickelte sich zu einer Katastrophe für die 41 amerikanischen Maschinen, von denen 35 abgeschossen wurden. Alle Flugzeuge der *Enterprise*-Staffel unter Führung von Korvettenkapitän Waldron wurden abgeschossen; der einzige überlebende Pilot, Leutnant zur See George Gay, wurde am nächsten Tag von einer Catalina gerettet. Um 10.25 Uhr war das Massaker zu Ende, und die unbeschädigten japanischen Flugzeugträger drehten in den Wind, um zu ihrem großen Schlag auszuholen.

In diesem Augenblick nahm der Kampf, der bisher eindeutig zugunsten der Japaner verlaufen war, eine dramatische Wendung. Hoch über Nagumos mit Flugzeugen beladenen Trägern hatten die 16 Sturzkampfbomber der *Yorktown* sich soeben mit den 18 der *Enterprise* vereinigt, die im Südwesten nach dem japanischen Verband gesucht hatten, bis sie einem japanischen Zerstörer gefolgt waren, der sie nach Nordosten zu der Trägergruppe geführt hatte.

Den amerikanischen Bomberpiloten bot sich ein unerwartetes Bild: Vier große Flugzeugträger lagen als verlockende Ziele unter ihnen und waren praktisch ungeschützt, weil alle Zeros in niedriger Höhe durcheinanderkurvten, um den Angriff der Torpedobomber abzuwehren. Die Aufopferung der Devastator-Staffeln war also nicht vergeblich gewesen, sondern hatte die Erfolge der nächsten Minuten erst möglich gemacht. Die aus 6000 Metern heulend zum Angriff herabstürzenden ersten drei Dauntless-Sturzkampfbomber warfen ihre 450-kg-Bomben aufs Flugdeck der *Akagi*, das mit tankenden Flugzeugen, hastig beiseitegerollten Torpedos sowie Zusatztanks und Munition bedeckt war.

Innerhalb weniger Minuten war Nagumos stolzes Flaggschiff in ein Flammenmeer gehüllt, und der Admiral mußte bekümmert auf den Leichten Kreuzer *Nagara* umsteigen. Kapitän zur See Futschida erinnerte sich später: „Das Flugdeck wies unmittelbar hinter dem Aufzug mittschiffs ein riesiges Loch im Flugdeck auf. Der Aufzug selbst war wie geschmolzenes Glas verdreht und in den Hangar hinuntergesackt. Decksplatten ragten in bizarren Formen und Winkeln in die Luft. Flugzeuge standen mit hochgerecktem Leitwerk da und spuckten wabernde Flammen und pechschwarze Rauchschwaden." Obwohl die Besatzung noch neun Stunden lang versuchte, die Brände unter Kontrolle zu bringen, war die *Akagi* nicht mehr zu retten und wurde nachts von einem japanischen Zerstörer versenkt.

Während dieses Angriffs auf das Flaggschiff wurde der Träger *Soryu* von drei Bomben der erfahrenen Dauntless-Sturzkampfbomber der *Yorktown* getroffen, die ihre Treibstofftanks und Munitionsbunker in Brand setzten, so daß das Schiff innerhalb von 20 Minuten aufgegeben werden mußte, obwohl es noch stundenlang trieb, ohne daß es den Löschmannschaften gelungen wäre, die Brände einzudämmen.

Auch die *Kaga* wurde von amerikanischen Sturzkampfbombern angegriffen, deren vier Volltreffer auf dem Flugdeck und der Brücke eine ganze Serie von Explosionen im Schiffsinneren auslösten und die Besatzung dazu zwangen, das Schiff einige Minuten später aufzugeben. Als die Japaner in ihre Rettungsboote gingen, sahen sie ein U-Boot, das einen Torpedo auf den Flugzeugträger abschoß. Das Boot war vermutlich die hartnäckige *Nautilus*, die nach diesem neuerlichen Fehlschuß drei Treffer auf der *Soryu* erzielte, die gegen 14 Uhr neue Brände auslösten, bis der Träger nach einer großen Explosion zerbrach. Die brennende *Kaga* sank um 19.25 Uhr.

Innerhalb weniger Minuten nach 10.30 Uhr waren drei gewaltige japanische Flugzeugträger in brennende Wracks verwandelt worden, und das Verhältnis der Flottenstärken im Pazifik hatte sich zugunsten der

Vereinigten Staaten verändert. Aber Nagumo hatte noch eine Chance, diese Verluste wettzumachen, denn die *Hiryu* hatte zu weit nördlich gestanden, um von den amerikanischen Sturzkampfbombern gesichtet zu werden. Sie startete 18 Bomber und sechs Jäger zu einem Gegenangriff im Gefolge der abfliegenden feindlichen Maschinen, und obwohl nur sechs Angreifer durchkamen, erzielten sie kurz nach Mittag drei Volltreffer auf der *Yorktown*. Aber obwohl Fletcher sofort auf ein anderes Schiff umstieg, wurden die Brände auf dem weiterhin steuerbaren Träger allmählich gelöscht. Um 14.30 Uhr erschien jedoch die zweite Welle von Maschinen des Trägers *Hiryu* und traf die *Yorktown* trotz schweren Flakfeuers und der Angriffe der Wildcats mit zwei Torpedos. Die *Yorktown* wurde daraufhin überstürzt aufgegeben, aber als sie am nächsten Tag noch immer schwamm, sollte sie von einem Hochseeschlepper und mehreren Zerstörern in den Hafen geschleppt werden. Am 6. Juni versenkte ein japanisches U-Boot jedoch den Träger und einen Geleitzerstörer.

Kurz nach dem zweiten Luftangriff auf die *Yorktown* entdeckten Spruances Flugzeuge die *Hiryu*, gegen die 24 Dauntless-Sturzkampfbomber (zehn waren von dem schwerbeschädigten Träger herübergekommen) losgeschickt wurden. Die Maschinen erreichten ihr Ziel gegen 17 Uhr und setzten den Flugzeugträger mit vier Bombentreffern in Brand. Die *Hiryu* wurde nachts aufgegeben und sank am 5. Juni um neun Uhr, wobei sie Vizeadmiral Yamagutschi mit in die Tiefe nahm. Die Meldung über diese Versenkung war nur der letzte einer ganzen Reihe schwerer Schläge für Yamamoto, der mit dem Gros der japanischen Schlachtflotte noch zu weit entfernt war, um in den Kampf eingreifen zu können. Seine erste Reaktion hatte darin bestanden, die Invasionsflotte beidrehen zu lassen, während er mit seinem Verband mit Höchstfahrt nach Midway lief, um Spruances Träger vielleicht nachts angreifen zu können.

Während seine Schlachtschiffe nach Osten liefen, wurde die zur Besetzung der Aleuten bestimmte Trägergruppe nach Süden beordert, und Kondos Kampfgruppe erhielt den Befehl, zu Nagumo aufzuschließen. Aber der clevere Spruance hielt sich wohlweislich außer Reichweite, und Nagumo meldete nervös, die Amerikaner hätten mindestens zwei und möglicherweise bis zu fünf Träger für einen Angriff bei Tagesanbruch in Bereitschaft. Diese Meldung veranlaßte Yamamoto dazu, das Unternehmen Midway am 5. Juni um 2.55 Uhr abzubrechen und einen weit nordwestlich gelegenen Treffpunkt für alle japanischen Einheiten zu befehlen.

Durch diesen Befehl befanden Vizeadmiral Kuritas vier schwere Kreuzer und zwei Zerstörer sich in wenig beneidenswerter Position, denn sie waren vorausgeprescht, um Midway zu beschießen, und standen nur 140 Kilometer von der Insel entfernt. Als sie nach Westen abliefen, sichteten sie um 3.42 Uhr das amerikanische U-Boot *Tambor* und versuchten ein Ausweichmanöver, bei dem die Kreuzer *Mogami* und *Mikuma* kollidierten. Diese beiden Schiffe, die danach nur noch zwölf Knoten laufen konnten und lediglich von den Zerstörern eskortiert wurden, lagen fast den ganzen Tag im Bombenhagel amerikanischer Trägerflugzeuge und von auf Midway stationierten Bombern. Die *Mikuma* sank schließlich,

Explosionen im Innern der *Lexington* besiegelten ihr Schicksal

Nur eine Maschine der *Enterprise*-Staffel überstand den Luftkampf mit den Japanern

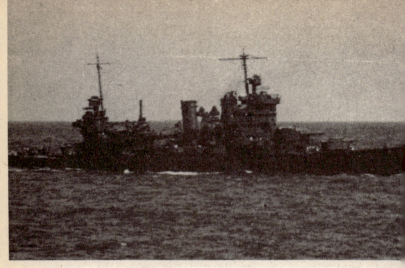

Der schwere Kreuzer *Astoria*

Gegen die gewaltige Flakbewaffnung der *North Carolina* hatten die japanischen Bomber keine Chance

Henderson Field war die wichtigste Basis für die Operation Guadalcanal

Bei den Kämpfen im Gebirge erlitten die Japaner schwere Verluste

Der Luftwaffenstützpunkt Gurney an der Milne-Bai

Im Gefecht: Ein amerikanischer Soldat rettet seinen bewußtlosen Kameraden

aber die *Mogami* konnte sich schwerbeschädigt retten und erreichte einen Kreuzerverband, der ihr als Geleit entgegengeschickt worden war.

In dieser Phase des Kampfes wartete Yamamoto im Westen, weil er hoffte, Spruance in den Wirkungsbereich der auf Wake stationierten japanischen Bomber locken zu können. Aber der amerikanische Admiral war sich darüber im klaren, daß seine Piloten übermüdet waren – und die Schlacht bereits gewonnen war. Er lief am Abend des 6. Juni nach Pearl Harbor zurück, während Yamamoto sich erst am 8. Juni betrübt eingestand, daß er keine Aussichten mehr hatte, die Amerikaner in eine Falle zu locken. Die Seeluftschlacht bei Midway war vorüber.

Im Vergleich zu diesen entscheidenden Ereignissen war das Unternehmen auf den Aleuten geradezu belanglos. Nimitz hatte einen aus Kreuzern und Zerstörern bestehenden Kampfverband unter Befehl von Vizeadmiral Theobald in das dortige Seegebiet entsandt, aber Theobald blieb damit so weit östlich, daß seine Schiffe nicht ins Gefecht kamen. Am Morgen des 3. Juni wurde Dutch Harbor ziemlich erfolglos von japanischen Trägerflugzeugen bombardiert. Am nächsten Tag folgte ein weiterer Luftangriff mit besseren Ergebnissen. Dann hatten die Bedürfnisse der Operation gegen Midway Vorrang: Die Flugzeugträger erhielten den Befehl, nach Süden zu laufen – ein Befehl, der später widerrufen und am 5. Juni um drei Uhr endgültig bestätigt wurde. Die Besetzung von Adak wurde aufgegeben, aber Kiska und Attu wurden am 7. Juni genommen. Die japanische Propaganda feierte diese Erfolge, aber wie wir schon festgestellt haben, wurde die strategische Bedeutung der

Aleuten durch geologische und klimatische Faktoren entscheidend beeinträchtigt. Jedenfalls war sie kein Ausgleich für die im Zuge des Hauptunternehmens erlittenen Verluste.

Die Seeluftschlacht bei Midway endete mit einer deutlichen Niederlage für die Japaner, die vier Flugzeugträger, einen schweren Kreuzer und 322 Flugzeuge verloren, während die Amerikaner nur einen Flugzeugträger, einen Zerstörer und 152 Flugzeuge einbüßten. Beide Seiten hatten ihre Erfolge mit Sturzkampfbombern statt mit langsamen Torpedobombern oder den wirkungslosen B-17 der Heeresluftwaffe erzielt.

Die Entschlüsselung des feindlichen Kodes bedeutete zweifellos einen gewaltigen Vorteil für die Amerikaner, aber die Japaner hatten viele strategische und taktische Fehler gemacht. Einer bestand darin, daß das ganze Unternehmen so eng mit der Besetzung Midways verknüpft worden war; ein anderer war bereits in dem übermäßig komplizierten Operationsplan enthalten. Außerdem hätte Yamamoto entweder bei den Flugzeugträgern sein müssen, um sie taktisch führen zu können, oder wie Nimitz an Land bleiben sollen, um nicht durch die auf See notwendige Funkstille daran gehindert zu werden, die Gesamtstrategie zu kontrollieren.

Durch seine Isolation, Nagumos anfängliche Unschlüssigkeit, die später in Ängstlichkeit umschlug, und Yamagutschis Entschlossenheit, mit seinem Schiff unterzugehen, ergab sich ein allgemeines Versagen der japanischen Führung. Weitere Schwachpunkte waren der Mangel an Aufklärungsflugzeugen, die vor der Trägergruppe hätten aufklären müssen, die ungenügenden Brandbekämpfungsmethoden auf allen Trägern und der fehlende Jagdschutz in größeren Höhen.

Entscheidend wirkten sich jedoch zwei grobe taktische Fehler Nagumos aus: Er griff mit allen vier Flugzeugträgern gleichzeitig an, was bedeutete, daß die Maschinen etwa zur gleichen Zeit landen und betankt werden mußten, so daß die Träger praktisch außer Gefecht gesetzt waren. Und er lief auf den Feind zu, während er die Bewaffnung seiner Bomber ändern ließ, anstatt nach Westen abzudrehen, was bedeutet hätte, daß die amerikanischen Flugzeuge – falls sie die nötige Reichweite besessen und Nagumos Träger gefunden hätten – erst etwas später angegriffen hätten, zu einem Zeitpunkt, an dem die zweite Welle bereits gestartet war und die Zeros schon wieder Höhe hätten gewinnen können.

Zusammenfassend können wir vielleicht feststellen, daß alle diese Fehler sich auf eine gemeinsame Ursache zurückführen lassen: eine fatale Überheblichkeit, eine Art Siegestaumel, in dem die Japaner dazu neigten, ihren Gegner zu unterschätzen.

Die Seeluftschlacht in der Korallensee hatte einen Rückschlag für die japanische Expansion im Pazifik bedeutet, aber die dort erlittenen Verluste hätten sich leicht wettmachen lassen können. Midway war andererseits eine Katastrophe ersten Ranges. Der Verlust der vier großen Flugzeugträger und ihrer ebenso unersetzlichen Flugzeugbesatzungen war das Schlimmste, was den Japanern hatte passieren können.

Wer die bisherige Entwicklung aufmerksam verfolgt hatte, mußte erkennen, daß im Pazifik der Flugzeugträger die Hauptwaffe war und daß die japanische Überlegenheit bei den Schlachtschiffen allein recht wenig bedeutete. Anstatt unablässig bedrängt zu werden, bis sie die japanischen Eroberungen anerkannten, erhielten die Amerikaner nun eine Atempause, in der sie ihr gewaltiges Wirtschaftspotential nutzen konnten.

Die japanische Niederlage war durch Midway vielleicht noch nicht unausweichlich besiegelt, aber die Aussichten für einen Sieg Japans standen nie wieder so gut wie vor dieser Schlacht.

Guadalcanal

Unmittelbar nach der Seeluftschlacht bei Midway verlagerte sich der Schwerpunkt des Krieges im Fernen Osten wieder in den Südwestpazifik. Trotz des Entschlusses, den Versuch, die alliierten Verbindungen zwischen Amerika und Australien zu unterbrechen, vorerst aufzugeben, wollten die Japaner ihre Position in diesem Gebiet ausbauen. Das sollte durch zwei Unternehmen erreicht werden: durch einen Überlandvorstoß von der Nordküste Neuguineas gegen den wichtigen alliierten Stützpunkt Port Moresby und durch die Stärkung der japanischen Position auf den Salomonen. Das zweite Unternehmen hatte in Wirklichkeit bereits damit begonnen, daß die Japaner zu Beginn der Schlacht in der Korallensee einen Seeflugzeug-Stützpunkt auf Tulagi errichtet hatten.

Auch die Amerikaner konzentrierten sich jetzt auf diesen entscheidenden Sektor der südlichen Salomonen. Die Oberbefehlshaber Nimitz und MacArthur waren keine Männer, die in der Defensive bleiben wollten. Seitdem Hawaii nicht mehr unmittelbar bedroht war, versuchten sie im Gegenteil, die im Südwestpazifik eingebüßten Positionen zurückzugewinnen. Die entscheidenden Fragen, wo angegriffen werden und wer den Befehl führen sollte, wurden in einer Weisung der Vereinigten Stabchefs vom 2. Juli 1942 geregelt, die einen Parallelvorstoß auf Rabaul, die Salomonen entlang und die Küste Neuguineas entlang vorsah.

Dieser Vorstoß sollte in drei Stadien erfolgen: Zuerst sollten die Santa-Cruz-Inseln, Tulagi und die benachbarten Inseln genommen werden. Dann sollte die Besetzung der restlichen Salomonen sowie Papuas und Neuguineas bis zur Huon-Halbinsel folgen. Schließlich sollten Rabaul und der Rest des Bismarck-Archipels erobert werden. Für die erste Phase, die den Decknamen „Operation Watchtower" erhielt, wurde die Grenze zwischen den Befehlsbereichen so verlegt, daß die südlichen Salomonen in Nimitz' Zuständigkeit fielen. Die beiden folgenden Phasen sollten unter MacArthurs Befehl stehen.

Drei Tage nachdem diese Weisung erlassen worden war, bestätigten Aufklärungsflüge frühere Berichte australischer Küstenbeobachter, daß die Japaner von Tulagi aus die größere Insel Guadalcanal besetzt hatten und dort einen Flugplatz anlegten. Diese Meldung bewirkte eine sofortige Umorientierung der amerikanischen Strategie, denn falls es den Japanern gelang, auf Guadalcanal einen vorgeschobenen Bomber- und Jägerstützpunkt einzurichten, waren die alliierten Vorstöße auf den Salomonen und in der Korallensee gefährdet. Deshalb war das vordringlichste Ziel jetzt die Eroberung Guadalcanals und vor allem des (später als Henderson Field bekannten) Flugplatzes bei Lunga Point, und das Unternehmen gegen Santa Cruz wurde prompt abgeblasen. Dazu trug auch die Tatsache bei, daß diese Inselgruppe sehr malariaverseucht war – aber auch Guadalcanal war nicht sonderlich gesund oder einladend. Die etwa 140

Kilometer lange und 40 Kilometer breite Insel bestand aus steilen Bergen, dichtbewachsenem Grasland, Regenwäldern und stinkenden Sümpfen.

In den folgenden Wochen wurden hastig Verbände aufgestellt, Befehlsverhältnisse geregelt und ein gemeinsamer Operationsplan ausgearbeitet. Nimitz überließ die strategische Führung Admiral Ghormley, dem Oberbefehlshaber im Südpazifik, obwohl Fletcher den taktischen Oberbefehl innehatte und die drei Trägergruppen mit den Flugzeugträgern *Saratoga, Wasp* und *Enterprise* kommandierte.

Die Invasionsflotte unterstand Vizeadmiral Turner, während der englische Vizeadmiral Crutchley die Task Force 44 kommandierte: eine amerikanisch-australische Unterstützungsgruppe aus Kreuzern und Zerstörern. Generalmajor Vandegrift befehligte die Landungstruppen: 19 000 amerikanische Marines (1. Marinedivision, ein Regiment der 2. Marinedivision und Hilfstruppen), die von 19 Truppentransportern nach Guadalcanal gebracht werden sollten.

Aus der Luft sollte die Landung außer von Trägerflugzeugen durch Maschinen, die von Feldflugplätzen auf den Fidschi-Inseln, Neukaledonien und den Neuen Hebriden starten würden, sowie durch MacArthur unterstehende Heeresbomber unterstützt werden. Die Landungskräfte waren in zwei Gruppen unterteilt, von denen die größere Guadalcanal und die kleinere Tulagi besetzen sollte.

Nach letzten Besprechungen und Landungsübungen, die vom 26. Juli bis 1. August auf den Fidschi-Inseln stattfanden, liefen die Invasionsflotte und ihr Geleitschutz aus. Am frühen Morgen des 7. August kam Guadalcanal nach ereignisloser Überfahrt in Sicht. Auf der Insel waren keine Anzeichen für feindliche Aktivitäten zu erkennen, obwohl der Konvoi am Vortag von einem japanischen Aufklärungsflugzeug entdeckt worden war.

Dieses friedliche Bild wurde dann durch eine schwere Beschießung durch die Kreuzer und Zerstörer der Unterstützungsgruppe sowie durch Luftangriffe der Trägerflugzeuge zerstört, die bis neun Uhr dauerten, woraufhin die ersten Marines an Land gingen. Die Landung ging zügig voran, so daß am Abend des gleichen Tages über 11 000 Mann auf Guadalcanal gelandet waren. Der buchstäblich fertige Flugplatz wurde mühelos erobert; die 2200 Japaner – vor allem Bauarbeiter – flüchteten oder fielen.

Tulagi erwies sich jedoch als wesentlich härtere Nuß: die 6000 Marines brauchten bis zum 8. August, um die von 1600 Japanern gehaltene Insel zu erobern. Bei dieser Gelegenheit machten die Alliierten zum erstenmal die Erfahrung, daß japanische Soldaten selbst in aussichtsloser Lage bis zur letzten Patrone kämpften, anstatt sich zu ergeben. Dieser Vorgang würde sich in Zukunft noch oft wiederholen.

In Tokio registrierte man mit einer Mischung aus Überraschung und Verzweiflung, daß die Vereinigten Staaten genau acht Monate nach dem Überfall auf Pearl Harbor zur Gegenoffensive im Pazifik angetreten waren. Auf mehr lokaler Ebene war es für die Japaner wichtig, Guadalcanal zu halten, denn ein dort errichteter amerikanischer Luftwaffenstützpunkt würde die japanische

Präsenz auf den Salomonen gefährden sowie ein weiteres Vorstoßen Japans in den Südwestpazifik verhindern.

Am 7. und 8. August flogen japanische Flugzeuge deshalb sporadische Bombenangriffe auf die Landungsflotte und das Kreuzergeleit, aber da die australischen Küstenbeobachter rechtzeitig vor diesen Angriffen warnten, so daß die Jäger der Flugzeugträger zur Abwehr aufsteigen konnten, blieben die Verluste auf amerikanischer Seite gering. Der japanische Admiral Mikawa, Oberbefehlshaber der in Rabaul stationierten 8. Flotte, bereitete jedoch einen viel schwereren Gegenangriff vor. Nachdem er fünf schwere Kreuzer, zwei leichte Kreuzer und einen Zerstörer zusammengezogen hatte, wollte er das Landungsgebiet in der Nacht zum 9. August angreifen, um die überlegene Nachtkampftaktik seiner Schiffe auszuspielen.

Theoretisch hätten die Amerikaner gut auf diesen Angriff vorbereitet sein müssen, denn Mikawas Verband wurde schon am 7. August gesichtet. Seine Kampfgruppe wurde jedoch nicht beobachtet, als sie am nächsten Tag durch den „Schlitz" (die Gewässer zwischen den beiden Inselketten der Salomonen) lief, und die Amerikaner glaubten, zu ihr gehörten zwei Seeflugzeugträger, deren Maschinen erst am 9. August angreifen würden. Dazu kam, daß Fletcher am 8. August um 18.07 Uhr mitteilte, er müsse seine Träger wegen Treibstoffmangels und Mangels an Flugzeugen zurückziehen, was den besorgten Turner dazu veranlaßte, Crutchley mit dem australischen Kreuzer *Australia* zu einer dringenden Besprechung zu sich zu bitten.

Zum Schutz der Landungsflotte standen nur noch

Crutchleys Kreuzer und Zerstörer zur Verfügung. Sie wurden in zwei Gruppen aufgeteilt, die nördlich und südlich der vor Guadalcanal liegenden Insel Savo patrouillierten, aber sie hatten wenig Erfahrung mit solcher Zusammenarbeit, ihr Befehlshaber war jetzt abwesend, und ihr Wachdienst funktionierte in dieser Nacht erbärmlich schlecht.

Mikawas Kampfgruppe schlüpfte ungesehen an den Zerstörern vorbei und erreichte die südliche Patrouille am 9. August gegen 1.40 Uhr. Nachdem sie Dutzende von Torpedofächern abgeschossen hatten, beleuchteten die Japaner ihre ahnungslosen Opfer schlagartig mit Leuchtgranaten und Scheinwerfern und begannen die Beschießung. Der australische Schwere Kreuzer *Canberra* erhielt schon in der ersten Minute 24 Treffer, geriet sofort in Brand und zeigte schwere Schlagseite. Sein Zustand war so hoffnungslos, daß er einige Stunden später von einem alliierten Zerstörer versenkt werden mußte. Den Japanern gelang es auch, dem amerikanischen Schweren Kreuzer *Chicago* den Bug wegzuschießen, so daß er sich aus dem Gefecht zurückziehen mußte. Die angegriffenen Kommandanten waren so verwirrt, daß keiner von ihnen die nördliche Patrouille oder Turner über Funk warnen ließ.

Mikawas Schiffe drehten nach Norden ab, näherten sich der zweiten Patrouille in zwei Linien und erzielten einen ähnlichen Überraschungserfolg. Die von zwei Seiten angegriffenen amerikanischen Schweren Kreuzer *Vincennes, Astoria* und *Quincy* wurden rasch durch Granaten und Torpedos außer Gefecht gesetzt; alle drei sanken im Lauf des Morgens.

Obwohl Mikawas Kampfgruppe keinen einzigen Treffer hatte einstecken müssen, lief sie gegen 2.15 Uhr mit hoher Fahrt durch den Schlitz zurück, nachdem sie einen der schnellsten Seesiege der Kriegsgeschichte errungen hatte. Aus Angst vor Luftangriffen bei Tagesanbruch verzichtete Mikawa auf den geplanten Angriff auf die Truppentransporter und Landungsfahrzeuge, die fast schutzlos gewesen wären. Hätte er seinen Angriff fortgesetzt, wäre die amerikanische Gegenoffensive auf Guadalcanal unter Umständen völlig zum Stehen gekommen.

Aber auch so war die nächtliche Seeschlacht vor Savo ein schwerer Schlag für die Alliierten, und das Verhalten einzelner Kommandanten wurde später scharf getadelt. Die Alliierten hatten vier schwere Kreuzer mit 1023 Mann verloren. Außerdem entschloß Turner sich angesichts der Gefahr, die der Landungsflotte von japanischen Kriegsschiffen und Flugzeugen drohte, die Truppentransporter am Nachmittag des 9. August abzuziehen – obwohl sich noch die Hälfte des Proviants und der Munition, wertvolle Ausrüstungsteile wie Planierraupen, Stacheldraht, Geschütze und Radargeräte sowie über 1 000 Marines an Bord befanden.

Nachdem Vandegrifts Truppen auf diese Weise ihre Luft- und Seeunterstützung verloren hatten, waren sie auf sich selbst angewiesen, und der General ließ deshalb eine rund acht Kilometer lange Verteidigungslinie für den Fall ausbauen, daß die Japaner angriffen, bevor Nachschub und Verstärkungen eintrafen. Aber Tokio konzentrierte sich zu diesem Zeitpunkt auf den Parallelvorstoß nach Port Moresby und unterschätzte zudem die Zahl der auf Guadalcanal gelandeten amerikanischen

Soldaten ganz erheblich. In der Nacht zum 18. August brachten sechs Zerstörer etwa 1000 Mann unter Führung von Oberst Itschiki nach Guadalcanal, wo sie östlich des amerikanischen Landungskopfs an Land gingen. Drei Tage später, in der Nacht zum 21. August, wurde seine Einheit bei einem wilden Sturmlauf gegen die ausgebauten amerikanischen Stellungen aufgerieben.

Dieser erste Mißerfolg in der Schlacht am Tenaru-Fluß hielt die Japaner nicht davon ab, die restlichen 1500 Mann der Abteilung Itschiki nach Guadalcanal zu schicken. Diese schwache Truppe sollte Henderson Field, auf dem seit 20. August die ersten amerikanischen Staffeln stationiert waren, wiedererobern. Gleichzeitig hofften die Japaner, durch dieses Unternehmen die amerikanische Pazifikflotte in eine raffinierte Falle locken zu können, die Yamamoto von Truk aus persönlich überwachen und zuschnappen lassen wollte.

Dieser Plan sah vor, daß der leichte Flugzeugträger *Ryujo*, ein Kreuzer und zwei Zerstörer vor den Truppentransportern und ihrem Geleit her durch den Schlitz laufen würden. Sobald die amerikanischen Träger ihre Position durch einen Angriff auf diesen Köder verraten hatten, sollten sie von einem Gegenschlag durch Maschinen von Nagumos Flugzeugträgern *Zuikaku* und *Shokaku* getroffen werden, und ihre Überreste würden von Kondos Kampfgruppe aus zwei Schlachtschiffen und drei schweren Kreuzern vernichtet werden. Unterstützend würden japanische U-Boote und in Rabaul stationierte Flugzeuge in den Kampf eingreifen.

Die Amerikaner waren sich darüber im klaren, daß ein schwerer feindlicher Gegenschlag bevorstand, obwohl ihr Entschlüsselungsdienst diesmal nicht in der Lage war, Einzelheiten dieses Plans aufzudecken. Als die *Ryujo*-Gruppe am 24. August östlich der Salomonen gesichtet wurde, schluckte Fletcher deshalb den Köder und schickte ihr in zwei Wellen 67 Bomber der Träger *Enterprise* und *Saratoga* entgegen. Erst als diese Maschinen die *Ryujo* angriffen, die in Brand geriet und später sank, wurde den Amerikanern klar, daß Nagumos Träger sich ebenfalls in der Nähe befanden. Zu diesem Zeitpunkt hatten *Zuikaku* und *Shokaku* jedoch schon zwei Angriffswellen gegen die amerikanischen Flugzeugträger gestartet. Die erste flog ins Verderben, denn Fletcher hatte nicht nur 53 Jäger zur Verteidigung seiner Schiffe zurückbehalten, sondern konnte auch mit der gewaltigen Flakbewaffnung des neuen Schlachtschiffes *North Carolina* und anderer Geleitschiffe rechnen. Tatsächlich kamen keine zehn der 80 Angreifer zurück, aber es gelang ihnen, die *Enterprise* mit drei Bombentreffern zu beschädigen. Auf der anderen Seite beschädigten Flugzeuge der *Saratoga* den japanischen Seeflugzeugträger Tschitose.

Fletcher, der nur 17 Flugzeuge verloren hatte, zog sich gegen Abend nach Süden zurück. Auch Nagumos Träger verließen das Kampfgebiet. Aber Kondos Kampfgruppe, die der Meinung war, die beiden feindlichen Flugzeugträger seien schwer beschädigt, liefen nachts mit Höchstfahrt nach Süden, bis sie die Wahrheit erfuhren und hastig vor Tagesanbruch umkehrten. Die Seeluftschlacht vor den östlichen Salomonen endete deshalb ohne klaren Sieg der einen oder der anderen Seite, obwohl die Japaner einen weiteren Träger und viele Flugzeugbesatzungen verloren hatten. Trotz dieser Nachteile lief ihr Truppenkonvoi unter Befehl des unerschütterlichen Vizeadmirals Tanaka auch am 25. August weiter nach Süden, aber diesmal spielten die auf Henderson Field stationierten Flugzeuge die ihnen zugedachte Rolle: Sie versenkten den leichten Kreuzer *Jintsu*, Tanakas Flaggschiff, und einen Truppentransporter. Außerdem wurde ein japanischer Zerstörer von einer B-17 der Heeresluftwaffe versenkt – der erste derartige Erfolg dieses Flugzeugmusters im Pazifik. Nach dieser Überraschung wies Rabaul den Konvoi an, sich zurückzuziehen.

Obwohl die zweite Runde dieser Seeschlachten vor Guadalcanal an die Amerikaner gegangen war, wurde das Gleichgewicht rasch durch mehrere Erfolge japanischer U-Boote wiederhergestellt. Am 31. August wurde die *Saratoga* durch einen Torpedotreffer für ein Vierteljahr außer Gefecht gesetzt. Ein noch schwererer Schlag folgte am 15. September, als der Flugzeugträger *Wasp* versenkt und das Schlachtschiff *North Carolina* beschädigt wurde, während sie einen für Guadalcanal bestimmten Konvoi sicherten.

Eine Zeitlang war die *Hornet* der einzige amerikanische Träger im Südwestpazifik. Andererseits besaßen alliierte Flugzeuge tagsüber buchstäblich die alleinige Luftherrschaft, was zu einem merkwürdigen „Schichtwechsel" beim Transport von Nachschub und Verstärkungen führte. Tagsüber brachten amerikanische Truppentransporter Soldaten und Nachschub für Vandegrifts Kampfgruppe; nachts transportierten japanische Zerstörer Truppen nach Süden, beschossen amerikanische Stellungen und verschwanden wieder, bevor sie bei

Tagesanbruch von Flugzeugen angegriffen werden konnten.

Ende August und Anfang September brachte der sogenannte „Tokio-Expreß" etwa 6000 Mann auf die Insel, wo sie östlich der amerikanischen Stellungen abgesetzt wurden. Die Marines reagierten darauf mit der Entsendung eines Erkundungsbataillons und indem sie sich entlang einer bald als „Bloody Ridge" bekannten Hügelkette eingruben. Gegen diese Stellung führten die Japaner am 13. und 14. September einen Frontalangriff, während kleinere Einheiten über die Flügel angriffen. Alle Angriffe wurden jedoch unter schweren Verlusten für die Angreifer abgeschlagen.

Diese Niederlage veranlaßte General Hjakutake, den Oberbefehlshaber der 17. Armee in Rabaul, zu der Erkenntnis, daß auf Raten entsandte Verstärkungen wenig nützten und daß die Wiedereroberung von Guadalcanal Vorrang vor den Operationen auf Papua-Neuguinea haben müsse. Seine Überzeugung bestätigte sich vermutlich, als die am 18. September durch weitere 4000 Marines verstärkten Amerikaner am 7. und 8. Oktober die japanischen Flußstellungen am Matanikau nahmen, die sie zuvor im ersten Ansturm nicht hatten erobern können. Hjakutake erkannte, daß es darauf ankam, die Amerikaner durch ein großangelegtes Unternehmen von der Insel zu vertreiben, und zog zu diesem Zweck Truppen bis aus China und den Philippinen zusammen, um sie nach Guadalcanal zu werfen. Trotzdem unterschätzte er die gegnerische Stärke noch immer erheblich, denn er rechnete mit 7500 Amerikanern, während es in Wirklichkeit schon 23 000 waren. In der

Nacht zum 12. Oktober brachten zwei Seeflugzeugträger und sechs Zerstörer weitere Truppen nach Guadalcanal. Ihre Geleitsicherung bestand dabei aus drei schweren Kreuzern und zwei Zerstörern unter Befehl von Vizeadmiral Goto. Gleichzeitig standen jedoch auch amerikanische Kriegsschiffe vor der Insel, und das Aufeinandertreffen dieser beiden Verbände führte zur Seeschlacht vor Kap Esperance.

Die amerikanische Kampfgruppe bestand aus zwei schweren und zwei leichten Kreuzern sowie fünf Zerstörern unter dem Befehl von Vizeadmiral Scott, der den Auftrag hatte, feindliche Landungsunternehmen zu stören und die Landung des 164. Regiments (Division Americal) aus Neukaledonien zu decken.

Mit Hilfe von Luftaufklärung und Radar gelang es Scott, den Kurs von Gotos Schiffen zu kreuzen, als sie kurz vor Mitternacht zwischen Savo und Kap Esperance hindurchlaufen wollten. Bei dem daraus entstehenden erbitterten Nachtgefecht verloren die Japaner den Schweren Kreuzer *Furutaka* und einen Zerstörer, während Goto fiel, als sein Kreuzer *Aoba* schwer getroffen wurde. Zwei seiner als Truppentransporter eingesetzten Zerstörer wurden am nächsten Tag von auf Henderson Field stationierten Bombern versenkt. Die Amerikaner verloren lediglich einen Zerstörer, während ein Kreuzer und ein weiterer Zerstörer beschädigt wurden, aber Scott gelang es trotzdem nicht, die Landung zusätzlicher japanischer Truppen auf der Insel zu verhindern. Auf der anderen Seite wurde der amerikanische Aufbau in den nächsten Tagen ständig durch feindliche Luftangriffe gestört, und in der Nacht zum 14. Oktober beschossen zwei japanische Schlachtschiffe Henderson Field, beschädigten den Platz und zwangen die dort stationierten schweren Bomber, auf die Neuen Hebriden auszuweichen. Eine ähnliche Beschießung durch schwere Kreuzer folgte in der nächsten Nacht, in der weitere 4 000 Japaner nach Guadalcanal gebracht wurden, so daß ihre Gesamtstärke jetzt 22 000 Mann betrug.

Obwohl Ghormley am 18. Oktober von dem aggressiveren Admiral Halsey abgelöst wurde, war dies vermutlich die schlimmste Zeit für die Amerikaner auf der Insel. Außerdem planten die Japaner eine großangelegte Landoperation in Verbindung mit einem weiteren Versuch, die amerikanische Pazifikflotte zu vernichten. Ein großer Teil von General Marujamas 2. Infanteriedivision bahnte sich einen Weg durch den Dschungel, um die Amerikaner von Süden anzugreifen, während im Westen mit Artillerie, Luftangriffen und Schiffsartillerie unterstützte Ablenkungsangriffe stattfanden. Aber die Hauptangriffe vom 23. bis 26. Oktober blieben im schweren Abwehrfeuer vor den gut ausgebauten Stellungen der Amerikaner liegen, und die Japaner mußten sich zurückziehen, nachdem auf ihrer Seite über 2000 Mann gefallen waren. Am Tag dieses Rückzugs trafen die feindlichen Flottenverbände in der Seeluftschlacht bei den Santa-Cruz-Inseln aufeinander.

Ein kampfstarker Verband aus vier Flugzeugträgern, vier Schlachtschiffen, 14 Kreuzern und 44 Zerstörern unter Befehl von Admiral Kondo stand im Norden der Salomonen und wartete auf die Meldung, daß Henderson Field genommen sei, um dann die in diesem Seegebiet stehenden amerikanischen Schiffe zu vernichten.

Dem japanischen Verband konnten die Amerikaner lediglich die Träger *Hornet* und *Enterprise*, das neue Schlachtschiff *South Dakota* und ein Geleit aus Kreuzern und Zerstörern entgegenstellen. Halsey unterstellte diese Task Force Vizeadmiral Kinkaid und entsandte sie in das Seegebiet nördlich der Santa-Cruz-Inseln, als Kondos Verband eben nach Süden lief.

Am 26. Oktober ließen beide Seiten, die durch Aufklärungsflugzeuge wußten, wo der Gegner stand, kurz nach Sonnenaufgang ihre Bomber starten. Die erste Runde ging an die Amerikaner, als zwei ihrer Sturzkampfbomber um acht Uhr den Leichten Träger *Zuiho* außer Gefecht setzten, aber innerhalb einer Stunde hatten japanische Flugzeuge die *Hornet* mit Bomben und Torpedos durchlöchert, während zwei der Angreifer sich mit ihren Maschinen auf das feindliche Schiff stürzten. Die Bomber der *Hornet* revanchierten sich in gewisser Weise dafür, indem sie den Flugzeugträger *Shokaku* mit vier Treffern für neun Monate außer Gefecht setzten und einen schweren Kreuzer beschädigten. Aber um 10.15 Uhr beschädigte die zweite japanische Welle trotz schwerster Verluste die *Enterprise*, die *South Dakota* und einen Kreuzer, während die *Hornet* anschließend versenkt wurde.

Technisch war das ein japanischer Seesieg, obwohl die Japaner auf Guadalcanal eine Niederlage erlitten hatten. Aber sie hatten neuerlich etwa 100 Flugzeuge verloren (die amerikanischen Verluste betrugen 74 Maschinen), was sie sich schlecht leisten konnten, und die beiden verbliebenen Flugzeugträger hatten nicht genügend Maschinen, um den Amerikanern, die ständig neue

Flugzeuge nach Guadalcanal brachten, die Luftherrschaft zu entreißen.

Die Landschlacht verschlang immer mehr Truppen, weil beide Seiten größere Anstrengungen unternahmen, sie für sich zu entscheiden. Vom 2. bis 10. November brachten die Japaner mit nicht weniger als zwei Kreuzer- und 62 Zerstörerfahrten Truppen und Nachschub von Rabaul herüber. Der „Tokio-Expreß" wurde mehrmals unterbrochen, aber am 12. November befanden sich erstmals mehr Japaner als Amerikaner auf der Insel. Die Vereinigten Staaten reagierten darauf, indem sie in zwei Geleitzügen unter Führung der Vizeadmirale Scott und Callaghan, die aus der Ferne durch Kinkaids Kampfgruppe gedeckt werden sollten, weitere 6000 Mann nach Guadalcanal brachten. Daraus entwickelte sich die erste der beiden Nacht-Seeschlachten bei Guadalcanal.

Trotz japanischer Luftangriffe wurden die amerikanischen Truppen am 11. und 12. November sicher an Land gebracht, und die Truppentransporter traten den Rückmarsch an. Aber ihr aus fünf Kreuzern und acht Zerstörern bestehendes Geleit blieb zurück, um den Landekopf gegen einen gemeldeten japanischen Verband zu verteidigen, obwohl Kinkaid zu weit entfernt war, um die amerikanischen Schiffe gegen die beiden japanischen Schlachtschiffe Vizeadmiral Abes unterstützen zu können.

Am 13. November kam es kurz nach 1.40 Uhr zu einer kurzen, aber erbitterten Schlacht. Scott und Callaghan fielen, ein amerikanischer Kreuzer und vier Zerstörer wurden versenkt, und fast alle anderen Schiffe wiesen Beschädigungen auf. Ein weiterer Kreuzer wurde später von einem japanischen U-Boot versenkt. Die Japaner verloren zwei Zerstörer, und ihr Schlachtschiff *Hiei* war so schwer beschädigt, daß es am nächsten Tag eine leichte Beute der Bomber des Trägers *Enterprise* wurde, die auf Henderson Field gelandet waren. Die *Hiei* wurde um 18 Uhr von ihrer eigenen Besatzung versenkt und war damit das erste Schlachtschiff, das die Japaner in diesem Krieg verloren. Außerdem war der Versuch gescheitert, den amerikanischen Landungskopf mit 35,6-cm-Granaten einzuebnen, und als japanische Kreuzer später den Flugplatz beschossen, wurden sie am nächsten Morgen von amerikanischen Maschinen angegriffen, die einen Kreuzer versenkten und drei weitere beschädigten.

Die zweite Seeschlacht vor Guadalcanal fand in der Nacht zum 15. November statt – diesmal mit vertauschten Rollen. Ein japanischer Geleitzug aus elf Truppentransportern mit 11 000 Mann, die von Tanakas elf Zerstörern gesichert wurden, lief am 14. November bei Tageslicht durch den „Schlitz", da die Japaner offenbar glaubten, Henderson Field sei durch die Beschießung in der vorigen Nacht ausgeschaltet.

Wiederholte Luftangriffe bewiesen bald, daß das nicht der Fall war, aber Tanaka behielt seinen Kurs unbeirrbar bei, obwohl nur vier der Truppentransporter durchkamen. Ihnen folgte Kondos Kampfgruppe mit dem Schlachtschiff *Kirishima*, vier Kreuzern und neun Zerstörern, die Henderson Field beschossen, bis sie gegen 23 Uhr mit Kinkaids Gruppe aus zwei Schlachtschiffen und vier Zerstörern zusammentrafen. Auch daraus entwickelte sich ein wildes Nachtgefecht, bei dem drei amerikanische und außerdem ein japanischer Zerstörer versenkt wurden. Entschieden wurde der Kampf jedoch durch das Duell der Schlachtschiffe – ein im Zweiten Weltkrieg seltenes Ereignis. Als die elektrische Anlage der *South Dakota* ausfiel, wurde sie so schwer getroffen, daß sie zur Reparatur in die Vereinigten Staaten zurückgeschickt werden mußte. Aber das radargesteuerte Feuer der *Washington* deckte die *Kirishima* in sieben Minuten mit neun 40,6-cm- und 40 12,7-cm-Treffern ein und verwandelte das japanische Schlachtschiff in ein brennendes Wrack, das am 15. November um 3.20 Uhr von seiner Besatzung versenkt wurde. Und als bei Tagesanbruch die vier auf den Strand gesetzten japanischen Truppentransporter zu sehen waren, wurden sie rasch durch amerikanische Luftangriffe in Brand gesetzt. Weniger als 4000 Japaner waren tatsächlich nach Guadalcanal gelangt, und die zweite Nacht-See-Schlacht vor der Insel hatte mit einem deutlichen Sieg für die Amerikaner geendet.

Da es den Japanern nicht gelang, Henderson Field auszuschalten und ihre eigenen Truppen auf Guadalcanal entscheidend zu verstärken, verloren sie den Kampf um die Insel allmählich. Die amerikanischen Truppen schoben ihre Stellungen Anfang November weiter vor und vernichteten eine bei Koli Point gelandete japanische Kampfgruppe.

Ende des Monats hatten die Vereinigten Staaten 188 Flugzeuge auf Henderson Field stationiert, so daß die Japaner gezwungen waren, Truppen und Nachschub mit schnellen Zerstörern zu transportieren. Bei Nachtgefechten in beengten Gewässern waren die Japaner jedoch weiterhin überlegen, wie sich in der Schlacht von

Tassafaronga zeigte, als Tanaka am Abend des 30. November mit acht Zerstörern auf Vizeadmiral Wrights fünf Kreuzer und vier Zerstörer stieß. Die anfangs überraschten Japaner reagierten blitzschnell und verloren nur einen Zerstörer, während ihre „Lange-Lanze"-Torpedos einen amerikanischen Kreuzer versenkten und weitere drei beschädigten. Trotzdem wurde das Übergewicht der Amerikaner zu Lande und in der Luft immer erdrückender.

In den letzten Wochen des Jahres 1942 hielt dieser Trend weiter an. Die 1. Marinedivision wurde allmählich durch die 2. Marinedivision, die 25. Infanteriedivision und die Division American ersetzt, die General Patch als amerikanisches XIV. Korps unterstanden. Auch die Japaner gruppierten ihre Kräfte im Südwestpazifik um: General Imamura wurde Oberbefehlshaber der 8. Gebietsarmee, der die 17. Armee (Salomonen) und die 18. Armee (Neuguinea) unterstanden.

Obwohl die Kaiserliche Marine darauf drängte, das kostspielige Unternehmen auf Guadalcanal abzubrechen, war Imamura entschlossen, die Insel zurückzuerobern, und hatte Ende 1942 etwa 50 000 Soldaten in Rabaul zusammengezogen. Da die Amerikaner den Luftraum beherrschten, konnten diese Truppen nicht zu den 25 000 Japanern auf Guadalcanal stoßen. Nur U-Boote konnten ab und zu ein paar Dutzend Mann auf die Insel bringen, da selbst Zerstörerfahrten zu gefährlich geworden waren. Außerdem erhielten die japanischen Truppen, die auf Drittelrationen gesetzt waren und sehr unter Malaria litten, nur noch sehr wenig Nachschub. Im Gegensatz dazu hatten die Amerikaner bis zum 7. Januar

1943 50 000 Mann auf Guadalcanal und dehnten ihren Verteidigungsbereich trotz erbitterter Gegenwehr der Japaner stetig weiter aus.

Wenige Tage zuvor, am 3. Januar, hatte sich das Kaiserliche Hauptquartier endlich die Niederlage eingestanden und den Befehl zur Evakuierung der japanischen Truppen von der Insel gegeben. Die japanischen Kräfte sollten wieder auf Neuguinea konzentriert werden. Ihre Verteidigungslinie auf den Salomonen sollte weiter im Norden liegen – auf Neugeorgien, wo sie einen Flugplatz bauten. Im Januar 1943 zogen die Japaner sich deshalb langsam nach Kap Esperance zurück.

Die Amerikaner folgten ihnen in respektvollem Abstand, da sie annahmen, der Gegner gruppiere seine Kräfte lediglich um und erhalte weitere Verstärkungen durch Fahrten seiner Zerstörer. Aber in Wirklichkeit handelte es sich um einen Rückzug: Am 1., 4. und 7. Februar wurden die verbliebenen 12 000 geschwächten, malariakranken Soldaten von einer ganzen Zerstörerflotte abgeholt. Diese Operation, bei der nur ein einziger Zerstörer verlorenging, wurde so geschickt durchgeführt, daß die Amerikaner erst am 9. Februar merkten, daß die Japaner die Insel geräumt hatten. Später an diesem Tag meldete Patch Halsey zufrieden, daß der Tokio-Expreß keine Endstation auf Guadalcanal mehr habe. Der bisher blutigste Feldzug im Pazifik war zu Ende.

Er bedeutete selbstverständlich eine vernichtende Niederlage für die Japaner, zumal das Ende so rasch nach den Seeluftschlachten in der Korallensee und bei Midway kam und den Beginn des amerikanischen Wiedererstarkens im Pazifik markierte. Auf Guadalcanal fielen etwa 25 000 Japaner, denen nur 1600 amerikanische Gefallene gegenüberstanden; die Verlustziffern bei den Seeschlachten sind unbekannt. Was die verlorene Tonnage betraf, war das Verhältnis fast ausgeglichen, wobei die größten Brocken auf beiden Seiten die beiden japanischen Schlachtschiffe und die beiden amerikanischen Flugzeugträger waren. Am wichtigsten war, daß Japan Hunderte von Flugzeugen und ausgebildete Besatzungen – nach Schätzungen zwischen 600 und 900 Mann – verloren hatte, während die amerikanischen Verluste erheblich niedriger lagen und leichter wettgemacht werden konnten. Schließlich wirkte sich auch ein moralischer Faktor aus: Der japanische Sturmlauf war zum Stehen gebracht, die japanischen Truppen waren erstmals zurückgeworfen worden. Jetzt war die Initiative im Pazifik an die Alliierten übergegangen.

Neuguinea, Burma, China

Guadalcanal war nicht die erste japanische Niederlage in einem Feldzug im Südwestpazifik. Die erste Niederlage hatten die Japaner in den Kämpfen am Kokoda Trail zwischen Papua und Neuguinea erlitten, die etwas früher begonnen und etwas früher geendet hatten. Das Gelände war dort sogar noch schwieriger als auf den Salomonen: Malariaverseuchte, mit Dschungel bewachsene Bergketten ragten bis 3000 Meter auf und machten den Nachschub zum schwierigsten Problem. Aber es lohnte sich, um dieses strategisch wichtige Gebiet zu kämpfen, denn falls es den Japanern gelang, Port Moresby an der Südküste Papuas zu nehmen, konnten sie Queensland bombardieren und kontrollierten die westlichen Zufahrten zur Korallensee.

Die Australier waren sich darüber im klaren, daß das verhindert werden mußte, obwohl ihre eigenen Streitkräfte nur sehr schwach waren. Aber die Japaner, die bereits die nördlichen Küstenstädte Lae, Salamua und Finschhafen besetzt hatten (März 1942), hatten ihren Plan, Port Moresby von See her zu erobern, nach der Seeluftschlacht in der Korallensee verschieben und nach der Seeluftschlacht bei Midway ganz aufgeben müssen. Tokios Versuch, Papua zu erobern, blieb deshalb notwendigerweise auf einen Landvorstoß über die unwegsame Owen-Stanley-Kette hinweg beschränkt.

Nach den japanischen Niederlagen in diesen beiden großen Seeschlachten schien Australien erheblich weniger gefährdet zu sein, und MacArthur schmiedete optimistisch Pläne für einen Vorstoß zur Nordküste Neuguineas. Er sollte hauptsächlich von australischen Truppen geführt werden, zu denen allerdings bald amerikanische Truppen stoßen würden, während Generalleutnant Kenneys 5. Luftflotte, die ständig verstärkt wurde, den Vorstoß unterstützen würde. Ende Juni hatten die Australier eine Guerillakompanie, die sogenannte „Kangaforce", in Wau, zwei Brigaden in Port Moresby, eine weitere Brigade an der Milne-Bai, wo ein Flugplatz angelegt wurde, und zwei Bataillone auf dem Kokada Trail, wo sie nach Buna an der Nordküste vorstoßen sollten, damit dort ein Luftwaffenstützpunkt angelegt werden konnte, der den Alliierten als Sprungbrett für weitere Operationen entlang der Küste und in Richtung Rabaul dienen sollte.

Die Alliierten hofften, Buna wenige Tage nach der Landung auf Guadalcanal besetzen zu können, aber am 22. Juli 1942 erhielt MacArthur die Hiobsbotschaft, daß die Japaner in der Nacht zuvor mit 2000 Mann in der Nähe von Buna gelandet waren. General Hjakutake, der Befehlshaber der 17. Armee in Rabaul, war entschlossen, nicht nur einem alliierten Vorstoß zuvorzukommen, sondern weiterhin den ursprünglichen Plan einer Eroberung Port Moresbys zu verwirklichen. Diese Aufgabe hatte er der Kampfgruppe Südsee unter Generalleutnant Horii übertragen.

Die Vorausabteilung Oberst Yokojamas, die bei Buna an Land gegangen war, sollte den Kokoda Trail erkunden und feststellen, ob es möglich war, die Owen Stanley Range mit stärkeren Verbänden zu überschreiten, was die Alliierten für geradezu unmöglich hielten. Aber die leicht ausgerüsteten Japaner warfen die Australier rasch zurück und besetzten am 29. Juli Kokoda, was MacArthur, der nicht viel Ahnung von den tatsächlichen Kampfbedingungen in Neuguinea hatte, in Rage brachte. Gleichzeitig schien Schlimmeres bevorzustehen, denn Mitte August hatte Horii 13 500 Mann unter seinem Befehl und marschierte stetig weiter auf Port Moresby zu. Die amerikanische Landung auf Guadalcanal lenkte die Japaner jedoch ab und zwang sie dazu, ihre Aufmerksamkeit und ihre Kräfte zu zersplittern.

Tatsächlich gab es in den folgenden fünf Monaten in Rabaul und Tokio ständig Auseinandersetzungen darüber, welcher Kriegsschauplatz wichtiger sei: Neuguinea oder Guadalcanal. Außerdem stand jetzt die australische 7. Division in Papua – zwei Brigaden in Port Moresby und eine an der Milne-Bai –, und diese Stärkung der alliierten Abwehrkraft verlangsamte den japanischen Vormarsch. Noch wichtiger war jedoch, daß die Australier bei ihrem Rückzug nach Süden von der Verkürzung ihres Nachschubweges profitierten, während der feindliche Vorstoß gleichzeitig an Schwung verlor, weil es immer schwieriger wurde, Horiis Truppen zu versorgen, je weiter sie sich von Buna entfernten.

Trotzdem deutete im August 1942 nur wenig auf ein Nachlassen des japanischen Drucks hin. Die Kampfgruppe Südsee unterbrach ihren Vormarsch nur, um Nachschub nach vorn zu schaffen, und rückte an Port Moresby heran, während eine schwächere Abteilung zu einem flankierenden Angriff gegen die alliierten Stellungen in der Milne-Bai bereitstand.

In der Nacht zum 26. August landeten 1200 Japaner von zwei Truppentransportern (die von zwei Kreuzern und drei Zerstörern gesichert wurden) und versuchten, den dortigen Flugplatz zu nehmen. Aber obwohl die Landungstruppen sogar zwei Panzer einsetzten und auf 2000 Mann verstärkt wurden, waren sie den beiden australischen Brigaden zahlenmäßig weit unterlegen und erlitten durch alliierte Luftangriffe mit Bomben und Bordwaffen hohe Verluste. Die Australier hielten den Flugplatz und gingen ab 31. August zum Gegenangriff über. Fünf Nächte später wurden die restlichen japanischen Truppen evakuiert.

Zur gleichen Zeit trieb Horii seine Hauptstreitmacht jedoch über den Kokoda Trail vorwärts und besetzte am 17. September Ioribaiwa, das nur 51 Kilometer von Port Moresby entfernt war. Diese Meldung alarmierte MacArthur, der General Blamey, den australischen Oberkommandierenden der alliierten Landstreitkräfte im Südwestpazifik, aufforderte, die Operation in Papua-Neuguinea persönlich zu leiten.

In Wirklichkeit war MacArthurs Befürchtung, Port Moresby könnte verlorengehen, ebenso unbegründet wie seine Kritik an den australischen Truppen ungerechtfertigt. Da das japanische Nachschubsystem wegen des unvorstellbar schwierigen Geländes und der ständigen alliierten Luftangriffe zusammenbrach, konnte Horii nicht weiter vorstoßen, sondern erhielt am 18. September den Befehl zum Rückzug. Seine Truppen operierten weit auseinandergezogen und hatten seit zwei Wochen kaum noch Verpflegung erhalten. Außerdem standen in Port Moresby jetzt zwei australische Divisionen und zwei amerikanische Regimenter, so daß die Japaner vor dieser zahlenmäßigen Übermacht zurückweichen mußten.

Nach diesem Rollentausch sahen sich nun die Alliierten mit immer größeren Nachschubproblemen konfrontiert, während die Versorgungsschwierigkeiten der Japaner in gleichem Maße abnahmen. Horiis Truppen zogen sich so rasch zurück, daß die Australier am 8. Oktober Templeton's Crossing erreichten, bevor sie auf ernstliche Gegenwehr stießen. Dadurch hatte die Länge des australischen Befehls- und Nachschubweges sich jedoch fast verdoppelt. Aber Blameys Truppen konnten sich auf die weit überlegene alliierte Luftwaffe verlassen: Ihre Flugzeuge wurden nicht nur für Versorgungsflüge an die Front eingesetzt, sondern transportierten auch eine amerikanische Einheit nach Wanigela an der Nordostküste, wo ein Flugplatz gebaut wurde, um weitere Vorstöße entlang der Küste unterstützen zu können.

Während andere amerikanische Einheiten sich den noch steileren Kapa Kapa Trail hinaufkämpften, stießen die Australier im Oktober auf hartnäckigen japanischen Widerstand, als sie die Bergkette jenseits von Templeton's Crossing zu überqueren versuchten. Bis 2. November wurde jedoch Kokoda zurückerobert, und die Kampfgruppe Südsee befand sich wieder auf dem Rückzug, der durch Versorgungsprobleme, geschwächte Truppen und die energische Verfolgung durch die Australier erschwert wurde. Ebenfalls wichtig war die Tatsache, daß die Japaner Verstärkungen in erster Linie nach Guadalcanal schickten.

Der überstürzte japanische Rückzug ging den ganzen November lang weiter, und General Horii ertrank bei dem Versuch, den Kumusi zu überqueren. Und als die Japaner versuchten, diese Flußstellung zu halten, wurde ihre Front rasch durchbrochen (am 12. November), wobei der Abwurf von Brückenbaugerät durch Flugzeuge erneut die Luftüberlegenheit der Alliierten und ihre Vorteile demonstrierte. Als die Australier in die Dobodura-Ebene vorrückten, wo sie hastig Feldflugplätze bauten, zogen die Japaner sich in das Gebiet um Buna zurück, das sie zu halten entschlossen waren.

Unterdessen wurden sie von den Amerikanern auch an ihrer linken Flanke bedroht, denn das in Wanigela eingesetzte Regiment war mit Booten und Fischkuttern nach Pongani verlegt worden, wo die amerikanische 32. Division ihr Hauptquartier eingerichtet hatte und wo ein weiterer Flugplatz angelegt wurde. Zu diesem Regiment stießen die Einheiten, die in überschlagendem Einsatz den Kapa Kapa Trail überwunden hatten, und die Amerikaner rückten an der Küste nach Buna vor.

Ende November verteidigten die Japaner das Gebiet um Buna und Gona jedoch erbittert, und viele der unerfahrenen amerikanischen und australischen Soldaten brachen zu MacArthurs großer Enttäuschung unter den Belastungen des Dschungelkampfes und durch Malaria geschwächt zusammen.

General Eichelberger wurde an die Front entsandt, um die amerikanische Kampfmoral durch Ablösung ausgelaugter Offiziere wiederherzustellen, und erhielt den Befehl: „Nehmen Sie Buna – oder kommen Sie nicht lebend zurück!" Die australischen Truppen erhielten ähnliche Anweisungen, deren Wirkung allerdings zweifelhaft war. Viel wichtiger war die Tatsache, daß die amerikanische 32. Division auf volle Stärke gebracht wurde, während die abgekämpften Brigaden der australischen 7. Division durch die der 6. Division ersetzt wurden.

Diese frischen Truppen eroberten am 9. Dezember Gona, während die alliierte Luftherrschaft verhinderte, daß die Japaner ihre Truppen von See aus verstärkten. Trotzdem kam es zu erbitterten Kämpfen, und selbst der Einsatz von Panzern zeigte wenig Wirkung auf die Verteidiger, die entschlossen waren, bis zur letzten Patrone zu kämpfen. Sie konnten sich jedoch nicht unbegrenzt lange halten, und die Alliierten nahmen Buna und die nähere Umgebung am 3. Januar 1943. Bis zum 18. Januar wurde auch Sanananda erobert und der letzte japanische Widerstand gebrochen. Die japanischen Verluste bei diesen Kämpfen betrugen vermutlich rund 12 000 Mann, denen auf alliierter Seite lediglich 3000 Mann Verluste gegenüberstanden. Sehr hoch war auf beiden Seiten die Zahl der Malariakranken.

Der lange Marsch und die Kämpfe auf dem Kokoda Trail bis nach Buna waren aus zwei weiteren Gründen ein Triumph für die Alliierten. Erstens wurde ihre Kampfmoral dadurch entscheidend gestärkt, daß der Mythos der Unbesiegbarkeit des japanischen Soldaten zerstört war: Australier und Amerikaner konnten ebenso tapfer kämpfen und das Leben im Dschungel ertragen. Zweitens war damit bewiesen, daß im Dschungel kämpfende Bodentruppen aus der Luft versorgt werden konnten, denn ohne diese wertvolle Unterstützung hätten viele

Gefechte anders enden können. Diese Luftunterstützung konnte jetzt ausgebaut und zur Erringung weiterer Siege eingesetzt werden. Was als verzweifelte Anstrengung zum Schutz Australiens begonnen hatte, endete damit, daß sich den Alliierten unbegrenzte Offensivmöglichkeiten eröffneten.

Von dem Feldzug in Burma ließ sich das in der Zeit zwischen Frühjahr 1942 und Frühjahr 1943 nicht behaupten. Nachdem die Engländer beschämend schnell aus Südostasien vertrieben worden waren, brannten sie darauf, sich dafür zu revanchieren und ihren Truppen wieder mehr Selbstvertrauen zu vermitteln, indem sie die Japaner von den Grenzen Indiens zurückdrängten, aber die praktischen Schwierigkeiten, die dem entgegenstanden, waren ungeheuer.

Als grundlegender Mangel erwies sich die Tatsache, daß die Grenzstaaten Assam und Bengalen niemals als militärisches Aufmarschgebiet eingeplant gewesen waren. Das Straßen- und Eisenbahnnetz war veraltet, lückenhaft und desorganisiert, wurde ständig durch Überschwemmungen unterbrochen und litt unter einem dauernden Mangel an Technikern und neuzeitlichem Gerät. Ein riesiges Neubauvolumen war zu bewältigen: Hafenanlagen, Straßen, Bahnlinien, Telegrafen- und Telefonnetze, Nachschub- und Munitionslager, Geschützparks, Lazarette und Kasernen mußten entweder großzügig erweitert oder ganz neu errichtet werden. Das ließ sich selbstverständlich nicht alles auf einmal schaffen – allein zum Bau der 220 neuen Flugplätze waren über eine Million Arbeiter eingesetzt. Buchstäblich alle Gebrauchsartikel waren knapp, denn Indien

Das zerstörte Kokoda wurde von australischen Einheiten zurückerobert

Eine Nebelgranate explodiert auf einem japanischen Bunker

Eine „Corsair" beim Abfeuern einer Salve

Japanischer Wachtposten vor einem halb vollendeten Bunker in Manila

rangierte nicht nur am unteren Ende der alliierten Prioritätenliste, sondern auch der für Lieferungen dorthin bereitgestellte Schiffsraum war völlig unzureichend.

Das waren die technisch-organisatorischen Probleme; die menschlichen waren keineswegs geringer. Das Oberkommando Indien unter Wavell verfügte als Folge der großen Aufstockung der indischen Armee über eine große Anzahl schlecht bewaffneter, unzulänglich ausgebildeter Divisionen. Es würde einige Zeit dauern, bis diese landeseigenen Verbände so ausgebildet waren, daß sie es mit den Japanern aufnehmen konnten. Außerdem mußten die Behörden etwa 400 000 Flüchtlinge aus Burma, die 30 000 chinesischen Soldaten Stilwells und das 33 000 Mann starke Burcorps unterbringen und verpflegen. Es gab administrative und militärische Schwierigkeiten an der Nordwestgrenze und vor allem Unruhen in ganz Indien, die im Sommer 1942 anhielten, nachdem das Ergebnis der mit Cripps geführten Verhandlungen die indischen Kongreßabgeordneten nicht befriedigt hatte. Wavell mußte 57 Infanteriebataillone aufbieten, um Unruhen zu unterdrücken und für Ruhe zu sorgen – was die Ausbildung der indischen Armee behinderte und ihre Kampfmoral weiter beeinträchtigte.

Ein positiver Aspekt war die Tatsache, daß die Luftherrschaft, die gesichert sein mußte, um Indien schützen, eine Gegenoffensive in Burma eröffnen und weitere Nachschublieferungen nach China bringen zu können, fest in britischer Hand blieb, seitdem die Japaner die meisten ihrer Flugzeuge im Mai 1942 in den Südwestpazifik verlegt hatten. Natürlich wurden viele der 31 RAF- und RIAF-Staffeln zu Aufklärungszwekken und zur Verteidigung Ceylons gebraucht, aber trotzdem gelangten immer mehr moderne Flugzeuge nach Nordostindien.

Ein erheblich schwierigeres Problem war Wavells Verhältnis zu Tschiang Kai-schek, der einen großangelegten Vorstoß nach Burma von Indien und China aus sowie einen gleichzeitigen Angriff auf Rangun von See aus vorgeschlagen hatte. Obwohl die Engländer ebenfalls offensiv werden wollten, fehlten ihnen die Kriegsschiffe, die nötig gewesen wären, um Rangun anzugreifen und die Japaner daran zu hindern, ihre dortige Garnison zu verstärken. Der Generalissimus verzichtete angesichts solcher Bedenken wütend auf seinen Plan und war überzeugt, Wavell gebe sich nicht genug Mühe.

In Wirklichkeit versuchte Wavell, ein Unternehmen vorzubereiten, das dem Leistungsvermögen seiner Truppen entsprach und nicht die Seeherrschaft im Indischen Ozean voraussetzte. Er dachte an einen begrenzten Vorstoß zur Wiedereroberung der Region Arakan, die eine notwendige Voraussetzung für die Wiedergewinnung ganz Burmas war. Aber selbst dieses Vorhaben wurde aufgegeben, weil es einen über See vorgetragenen Angriff auf die wichtigen Luftwaffenstützpunkte bei Akjab voraussetzte und weil es sich als unmöglich erwies, die Chinesen zu einem gleichzeitigen Entlastungsvorstoß aus Jünan zu bewegen. Deshalb blieb Wavell lediglich der Torso einer Rumpfoperation, die mit dem ursprünglich mit Tschiang Kai-schek besprochenen Plan nicht mehr viel gemeinsam hatte. Aber eine Operation war besser als gar keine, um Kampferfahrung zu gewinnen und das britische Prestige aufzumöbeln.

In den letzten drei Monaten des Jahres 1942 drang die indische 14. Division auf der Maju-Halbinsel nach Südosten in Richtung Insel Akjab vor und legte gelegentlich Pausen ein, wenn es zu sehr regnete oder die Kommandeure vorsichtig waren. Anfangs leisteten die wenigen Japaner kaum Widerstand, aber als General Iida die zunehmende Bedrohung der Flugplätze um Akjab erkannte, entsandte der Befehlshaber der 15. Armee General Kogas 55. Division nach Arakan, um diese Gefahr beseitigen zu lassen. Kogas vordere Bataillone, die mit beispielhafter Zähigkeit kämpften, brachten den britischen Vormarsch bis Ende Januar zum Stehen.

Die durch Malaria dezimierte und von Anfang an für den Kampf im Dschungel nicht sonderlich gut ausgebildete indische 14. Division baute zu diesem Zeitpunkt merklich ab, aber Wavell bestand darauf, der Vorstoß müsse fortgesetzt werden. Koga brachte jedoch innerhalb weniger Wochen Verstärkungen nach vorn, und die Japaner besetzten am 18. März 1943 Htiswe. Danach kämpften sie sich im Kalapasin-Tal flußaufwärts nach Sedidaung vor und bedrohten dadurch den linken Flügel der britischen Einheiten auf der Maju-Halbinsel. Diese Gegenoffensive wurde fortgesetzt, selbst als die abgekämpfte 14. Division durch die indische 26. Division ersetzt worden war. Am 6. April waren die Japaner nach Westen über den Maju vorgestoßen und hatten Indin genommen.

Kogas Regimenter rückten danach weiter nach Norden vor, um nach Möglichkeit bis Mai (dem Beginn der Monsunperiode) die Linie Maungdaw-Buthidaung zu erreichen, wodurch sich die britischen Hoffnungen auf einen Vormarsch in der Trockenzeit 1942/43 zerschlagen hätten.

Am 14. April war die Lage so ernst, daß General Slim, inzwischen Befehlshaber des indischen XV. Korps, nach Arakan flog, um den Befehl über die dort kämpfenden britischen Truppen zu übernehmen. Slim war jedoch so über das Absinken der Kampfmoral entsetzt, das durch den Rückzug, das Klima, die Malaria und die hohen Verluste bei Frontalangriffen gegen gutverteidigte feindliche Stellungen bewirkt worden war, daß er rasch auf etwaige Offensivpläne verzichtete. Statt dessen plante er einen allmählichen Rückzug auf die Linie Maungdaw-Buthidaung oder sogar bis ins Gebiet um Cox' Bazar, wo er seine Panzer und Artillerie in freiem Buschland besser einsetzen konnte als in den Sümpfen und dichten Urwäldern der Maju-Halbinsel.

In der Nacht zum 7. Mai nahmen die Japaner Buthidaung und setzten die britischen Verteidiger der Tunnels und Maungdaws so unter Druck, daß sie auch dort zurückwichen. Als Slims Truppen sich jetzt absetzten, um vorbereitete Stellungen bei Cox' Bazar zu beziehen, beschlossen die Japaner, sich für die Regenzeit einzugraben. Die britischen Truppen hielten nun etwa die Linie Nhila-Bawli Bazar-Goppe Bazar, das heißt etwa die gleichen Positionen wie acht Monate zuvor.

Obwohl der Versuch, die Insel Akjab zu erobern, unter Umständen einen japanischen Vorstoß nach Assam verhindert hatte und somit nicht ganz ohne strategischen Wert gewesen war, war er jedenfalls eine deprimierende Operation gewesen, die von unerfahrenen Truppen und unentschlossenen Kommandeuren auf Drängen Wavells, der die Schwierigkeiten eines Dschungelkriegs gegen die Japaner noch immer unterschätzte, durchgeführt worden war. Churchill, der damals vor der Washingtoner Konferenz mit Roosevelt stand, hielt das ganze Unternehmen für einen glatten Fehlschlag, und daß Wavell einige Monate später „die Treppe hinauffiel" und Vizekönig von Indien wurde, scheint eindeutig auf diesen Mißerfolg in Arakan zurückzuführen zu sein.

Der einzige positive Aspekt auf dem indisch-burmesischen Kriegsschauplatz war zu diesem Zeitpunkt tatsächlich der erfolgreiche Start der ersten Chindit-Operation unter Führung ihres Planers Orde Wingate. Er hatte London und Wavell für seinen Vorschlag gewonnen, Langstrecken-Stoßtrupps in den burmesischen Dschungel zu entsenden, wo sie japanische Vorposten angreifen, gegnerische Nachrichtenverbindungen zerstören und ganz allgemein im Verhältnis zu ihrer Größe unproportional viel Schaden anrichten würden. Zu diesem Zweck wurde die indische 77. Brigade vollständig umgruppiert, denn die Chindits (die ihren Namen einem orientalischen Fabelwesen – halb Löwe, halb Adler – verdankten) mußten bessere Dschungelkämpfer als die Japaner werden, brauchten viele erfahrene Pioniere und Fernmelder und mußten Erfahrungen mit der Zusammenarbeit zwischen Luftwaffe und Bodentruppen sammeln. Obwohl die Chindits auf ihren Märschen durch den Urwald von Tragtierkolonnen begleitet wurden, nutzten sie auch die Möglichkeiten der RAF, um sich aus der Luft versorgen zu lassen.

Obwohl Wavell hoffte, die Chindits strategisch, das

heißt vor oder während einer Generaloffensive, einsetzen zu können, gab er Wingates Drängen nach, als dieser einen Versuchseinsatz forderte, um Erfahrungen und Informationen zu sammeln, etwa stattfindende japanische Offensivvorbereitungen zu stören und den Kampfgeist der britischen Truppen zu stärken.

In der Nacht zum 15. Februar 1943 überquerten deshalb zwei Gruppen Chindits heimlich den Chindwin und stießen weiter nach Osten vor. Dann teilten sie sich in kleinere Abteilungen auf: die Nordgruppe mit 2200 Mann und 800 Mulis bildete fünf Kolonnen, die Südgruppe mit 1000 Mann und 250 Mulis zwei. Mitte März hatten sie den Irrawaddy überquert, griffen japanische Vorposten an, unterbrachen Bahnlinien, sprengten Brücken und überfielen feindliche Lkw-Kolonnen.

Als die Japaner mit einiger Verspätung erkannten, wie umfangreich diese Operation war, verlegten sie fast zwei Divisionen in das Gebiet zwischen den Flüssen Schweli und Irrawaddy. Dieser Druck sowie physische Schwierigkeiten zwangen die meisten Abteilungen, sich hinter den Irrawaddy zurückzuziehen. Mitte April waren sie wieder in Indien und hatten auf ihrem 2500-km-Marsch etwa 1000 Mann und den größten Teil ihrer Ausrüstung verloren.

Die erste Chindit-Operation hatte nur geringe strategische Auswirkungen auf den Krieg als Ganzes, denn die japanischen Verluste und die verursachten Schäden waren in Wirklichkeit recht gering. Aber die Tatsache, daß britische Truppen auf feindliches Gebiet vorgestoßen waren, es zwei Monate lang kreuz und quer durchstreift hatten und dann zurückgekehrt waren, war bedeutsam und stärkte die englische Kampfmoral. Wertvolle Erfahrungen waren gesammelt worden – vor allem in bezug auf die Versorgung aus der Luft, die bereits als entscheidend für zukünftige Vorstöße regulärer oder Guerillakräfte nach Burma erkannt wurde.

Auf die Dauer war diese Operation doch auch wichtig, denn sie bewog General Mutagatsch, den neuen Befehlshaber der japanischen 15. Armee, zu der Auffassung, der Chindwin sei keine sichere Front, weil die Engländer eine Großoffensive über den Fluß hinweg planten. Mutagatschi überlegte später sogar, ob er ihnen durch eine eigene Offensive zuvorkommen sollte. In Wirklichkeit stand Wavell vor so vielen Verwaltungs- und Nachschubproblemen, daß äußerst zweifelhaft war, ob es nach der Monsunzeit zu einem größeren Vorstoß nach Burma hinein kommen würde. Im April 1943 hatten die Engländer einen weiteren Plan für eine spätere Eroberung Ranguns von See aus („Operation Anakim") aufgegeben und erkannten auch die Undurchführbarkeit der Besetzung Sumatras („Operation Culverin"). Zu erhoffen war lediglich ein kleiner Geländegewinn im Norden, damit die Route nach China, wo die militärische Lage für die Alliierten sehr ungünstig stand, eines Tages wiedereröffnet werden konnte.

Seitdem die Japaner im Mai 1942 den Norden Burmas besetzt hatten, war China völlig von seinen westlichen Verbündeten abgeschnitten – eine Isolierung, die Tschiang Kai-schek sehr stark spürte. Über eine Million japanische Soldaten standen in China und hatten die unzulänglich ausgerüsteten nationalistischen und kommunistischen Truppen seit 1937 weit ins Landesinnere zurückgedrängt. Andererseits waren diese Kämpfe seit Pearl Harbor buchstäblich zum Erliegen gekommen, weil Japan sich mehr auf den Krieg gegen seine anderen Gegner im Süden und Südwesten konzentrieren mußte.

Zu dem politischen Interesse, das Amerika am Fortbestand Chinas als Machtfaktor im Fernen Osten hatte, kam nun ein sehr wichtiger militärischer Grund: Wegen des japanischen Ansturms im Pazifik war es unbedingt erforderlich, möglichst viele Divisionen der in China stehenden Expeditionsstreitmacht dort zu binden, damit sie nicht nach Neuguinea oder auf die Salomonen verlegt werden konnten. Aber wegen der geographischen Schwierigkeiten konnte nicht viel zur Hebung der chinesischen Kampfkraft getan werden, außer daß der vom India-China Ferry Command über den Himalaja geflogene Nachschub erheblich vermehrt wurde.

Auf diese Weise herrschte in der zweiten Hälfte des Jahres 1942 und im Jahre 1943 auf dem chinesischen Kriegsschauplatz ein militärisches Patt. Die Japaner waren damit zufrieden, ihre bisherigen Positionen zu halten; die Chinesen gaben sich mit kleineren Guerillaoperationen zufrieden.

Stilwell, der Generalstabchef Tschiang Kai-scheks, konzentrierte sich auf den Wiederaufbau und die Wiederbewaffnung der chinesischen Armee und forderte deshalb eine Steigerung der auf dem Luftweg erfolgenden Nachschublieferungen. Aber wegen dieser Untätigkeit und weil keine frühzeitige Wiedereröffnung der Burma Road durch britische und chinesische Bodentruppen in Sicht war, gewann General Chennaults Plan, eine starke Bomberflotte für Luftangriffe auf Japan aufzustellen, mehr und mehr Anhänger. Da die nach China gelangenden Nachschubmengen ohnehin streng begrenzt waren, bedeutete das notwendigerweise einen Prioritätsstreit zwischen Stilwell und Chennault, der selbst dann noch fortdauerte, nachdem Roosevelt im März 1943 zugunsten Chennaults entschieden hatte. Aus allen diesen Gründen waren auf dem chinesischen Kriegsschauplatz für die nächste Zukunft keine dramatischen Veränderungen zu erwarten.

Das strategische Gleichgewicht

Einige Zeit vor Ausbruch des Krieges im Pazifik hatte Admiral Yamamoto einem Kameraden mit erstaunlichem Weitblick anvertraut: „Falls uns befohlen wird, gegen die Vereinigten Staaten anzutreten, können wir wahrscheinlich einen mühelosen Sieg erringen und uns ein halbes oder ganzes Jahr lang halten. Aber im zweiten Jahr werden die Amerikaner ihre Stärke erhöhen, und für uns wird es sehr schwierig werden, überhaupt mit Aussichten auf den Endsieg weiterzukämpfen."

Anfang 1943 hatte Yamamoto das Gefühl, seine schlimmsten Befürchtungen erfüllten sich allmählich. In den ersten sechs Kriegsmonaten hatte Japan erstaunlich leichte Siege errungen. Unmittelbar danach hatte es jedoch drei schwere Niederlagen – in der Korallensee, bei Midway und auf Guadalcanal – erlitten und dabei vier große Flugzeugträger, zwei Schlachtschiffe, zahlreiche kleinere Einheiten und weit über 1000 Flugzeuge, sehr oft mit ihren ausgebildeten Besatzungen, verloren. Die Lage erschien jetzt viel ernster, und nach dem demütigenden Rückzug von Guadalcanal sahen die Japaner sich in die Defensive gedrängt, so daß die japanischen Kommandeure im Südwestpazifik den Befehl erhielten, „alle Stellungen auf den Salomonen und in Neuguinea zu *halten*".

Sollte Yamamotos trübselige Prophezeiung sich also

bewahrheiten? Sollte der Verlauf dieses Krieges einfach mit dem Wechsel der Gezeiten vergleichbar sein, indem die japanische Flut weite Gebiete Südostasiens und des Pazifiks erfaßte, um dann zu verebben und in der wachsenden amerikanischen Flut unterzugehen? War die Schrift an der Wand schon in den ersten Monaten des Jahres 1943 zu erkennen?

Wollte man diese Frage uneingeschränkt bejahen, würde man eine verlockende Verallgemeinerung akzeptieren, weil man sich wie Yamamoto über die Unterschiede der wirtschaftlichen und militärischen Kapazitäten Japans und der Vereinigten Staaten im klaren ist. Diese verlockende Antwort ist gleichzeitig so simpel, daß es unhistorisch wäre, sich mit ihr zufriedenzugeben, denn Kriege, selbst moderne Kriege kennen nicht nur ein Auf und Ab wegen der jeweiligen Wirtschaftsstärke der Gegner, sondern auch wegen der taktischen und strategischen Fehler, die von einer oder der anderen Seite gemacht werden.

Menschen haben großen Einfluß auf den Lauf der Geschichte, und Führertum, Kampfmoral und Durchhaltewillen können ebenso wichtig wie wirtschaftliche Tatsachen sein. Außerdem sprachen in diesem Stadium des Krieges noch viele Faktoren zu Japans Gunsten. Und der Übergang zur Defensive im Jahre 1943 bedeutete nur eine Rückkehr zu der ursprünglich vertretenen Politik, die in Kraft gewesen war, bevor die Siegeszuversicht der Kaiserlichen Marine sie dazu verleitet hatte, auch noch gegen Midway und die Salomonen loszuschlagen.

Diese Politik, einen stark befestigten Schutzwall aus

Inselstützpunkten zu verteidigen und alle amerikanischen Angriffe abzuwehren, bis Washington sich schließlich dazu bereitfand, einem Frieden zuzustimmen, der Japan seine wichtigsten Eroberungen beließ, sollte jetzt auf die Probe gestellt werden.

In dieser Beziehung schienen die geographischen Gegebenheiten die Verteidiger zu begünstigen. Selbst wenn die Japaner sich etwas zuviel zugemutet hatten, befanden die Alliierten sich in einer schlechteren Ausgangsposition, wenn es um die Rückeroberung der riesigen Gebiete ging. Ein Vorstoß über die Nordpazifikroute von Alaska aus kam wegen des Mangels an Stützpunkten und der widrigen Wetterbedingungen nicht in Frage. Die Sowjetunion schied als Angriffsbasis aus, weil Stalin erst gegen Japan vorgehen wollte, wenn Deutschland besiegt war. China war wegen seiner isolierten Lage ungeeignet, und gegen Burma sprachen Versorgungsschwierigkeiten und die große Entfernung. Falls es einen Weg zurück gab, mußte er deswegen von Hawaii oder Australien aus, die beide Tausende von Kilometern von Japan entfernt waren, über den Pazifik führen. Selbst wenn es MacArthur gelang, Rabaul zu erobern, war er noch so weit von Tokio entfernt wie Montreal von Liverpool, und das Seegebiet dazwischen war mit Inselstützpunkten übersät, die von ihren Garnisonen fanatisch verteidigt werden würden und von denen aus die amerikanische Gegenoffensive aufgehalten oder zumindest verzögert werden konnte, während die Japaner den nächsten Verteidigungsring verstärkten. Daß Japan dabei auf der inneren Linie kämpfte, würde sich als großer Vorteil erweisen.

Im Gegensatz dazu mußten die Alliierten ihre Truppen und allen Nachschub über gewaltige Entfernungen transportieren, bevor sie überhaupt die Kriegsschauplätze erreichten, und das warf gewaltige logistische Probleme auf. Alles Kriegsmaterial – Treibstoff, Waffen, Munition, Flugzeuge, Ersatzteile, Baumaterial und alles übrige – mußte aus 8000 bis 10 000 Kilometer Entfernung aus den Vereinigten Staaten herangeschafft werden. Aber bevor diese Lieferungen eintrafen, mußten auf den Inseln Häfen und Flugplätze angelegt werden. Und da es im Südwestpazifik keine ausreichenden Hafen- und Werftkapazitäten gab, würden alle schwerbeschädigten Schiffe zur Reparatur die amerikanische Westküste anlaufen müssen; außerdem würde eine völlig selbständige Flotte aufgebaut werden müssen.

Das alles hätten die Alliierten wahrscheinlich schaffen können, wenn sie lediglich gegen Japan Krieg geführt hätten, aber – und dies war der größte Vorteil Tokios – sie konzentrierten in Wirklichkeit den weitaus größten Teil ihres Militärpotentials auf den Krieg in Europa und im Mittelmeerraum. Admiral Kings Schätzung, lediglich 15 Prozent des alliierten Kriegseinsatzes sei gegen Japan gerichtet, war möglicherweise absichtlich niedrig gegriffen, aber die anglo-amerikanische Strategie des „Deutschland zuerst" bedeutete, daß Japan zunächst noch von den Auswirkungen der auf vollen Touren laufenden Kriegsmaschine der Alliierten verschont blieb.

Alles das legt eigentlich den Schluß nahe, daß die japanische Haltestrategie im Grunde genommen gute Erfolgsaussichten gehabt hätte. Aber das stimmte nur, wenn Japan über genügend Soldaten und Waffen verfügte und die japanische Wirtschaftskraft für einen längeren Krieg ausreichte. Der erste Punkt stand praktisch außer Zweifel, denn trotz der schweren Verluste Japans in den Schlachten bei Midway und auf Guadalcanal war seine Widerstandskraft ungebrochen. Der kritische Bereich des Südwestpazifiks konnte innerhalb weniger Wochen durch weitere zwei Divisionen, 250 Flugzeuge und die 3. Flotte von der Insel Truk verstärkt werden; innerhalb von sechs Monaten standen dafür 15 Divisionen und fast 700 Flugzeuge zur Verfügung. Aber danach? Konnte Japan weiter Truppen an diese Front werfen, ohne sich anderswo entscheidend zu schwächen? Verfügte es über die Produktionskapazität, um seine Streitkräfte mit den notwendigen Flugzeugen, Geschützen, Panzern, Flugzeugträgern, Zerstörern zu beliefern? Wie war das japanische Kriegspotential im Jahre 1943 zu beurteilen?

In bezug auf die Bevölkerungszahlen brauchte die japanische Führung sich keine Sorgen zu machen. Das 70-Millionen-Volk stellte über 3 000 000 Soldaten, deren Zahl im Notfall verdoppelt werden konnte. Selbstverständlich hatten die Vereinigten Staaten oder das britische Weltreich erheblich größere Bevölkerungen, aber sie führten Krieg gegen Deutschland und Italien. Außerdem war es schwierig, gewaltige Truppenmassen in tropischen Urwäldern oder gegen stark verteidigte Inseln anzusetzen. Bedeutsamer war die Verteidigung der japanischen Streitkräfte im Jahre 1943.

Wegen der einseitigen Orientierung des Heeresgeneralstabs war Japans Verteidigungsplanung noch immer viel zu sehr auf die Bedürfnisse eines Landkriegs ausgerichtet, anstatt denen eines Seekriegs zu entsprechen. Allein in China standen über 1 000 000 Soldaten in den besetzten Landesteilen. In der Mandschurei blieb die über 600 000 Mann starke Kwantung-Armee zur Abwehr sowjetischer Angriffe einsatzbereit, obwohl Stalin zu diesem Zeitpunkt genug mit seiner Westfront zu tun hatte. In Japan selbst standen weitere fünf Divisionen sowie alle Ausbildungseinheiten: mindestens weitere 250 000 Mann.

Es gab also genügend Truppen, aber angesichts der überraschend schnellen amerikanischen Erholung im Pazifik waren sie schlecht verteilt. Falls die Japaner das jedoch erkannten, würden sie sich im Kampf um den Bismarck-Archipel ganz sicher behaupten können. Nur wenn diese Verstärkungen auf Raten zugeführt wurden, so daß die Alliierten eine örtliche Überlegenheit besaßen, wurde die Lage gefährlich.

Solche Truppentransporte waren natürlich nur möglich, wenn Japan die Seeherrschaft behauptete; tatsächlich hing seine ganze Existenz als Großmacht und Seemacht davon ab. Trotzdem war der Kriegsschiffsausstoß der japanischen Werften äußerst niedrig – vor allem in Hinblick auf die anfänglichen Verluste der japanischen Kriegsmarine. Flugzeugträger, die sich als entscheidende Waffe erwiesen hatten, besaß Japan im Frühjahr 1943 nur einen einsatzbereiten. Obwohl die Amerikaner nur zwei hatten, würden sie bald viele erhalten: Im Dezember 1942 wurde der erste Träger der neuen *Essex*-Klasse in Dienst gestellt, während weitere 23 sich in Bau oder Planung befanden. Außerdem würden die Vereinigten Staaten bis Ende 1943 neun neue leichte Träger in Dienst stellen.

Auf der anderen Seite mußte Japan mit nur drei neuen Trägern und einigen Umbauten auskommen. Was kleinere Kriegsschiffe betraf, hatte es keine Aussichten, mit den Amerikanern mitzuhalten, die in den nächsten Jahren über 100 Kreuzer und fast 300 Zerstörer bauen wollten. Selbst bei den Schlachtschiffen, die von den meisten japanischen Admiralen weiterhin für die wichtigsten Kriegsschiffe gehalten wurden, bauten die Vereinigten Staaten erheblich mehr als Japan: Bis Februar 1943 stellten sie sieben neue Schlachtschiffe in Dienst. Außerdem setzten die Amerikaner ihre Schlachtschiffe realistischerweise zur Unterstützung von Landungsunternehmen und als Flakschutz für die gefährdeten Flugzeugträger ein, anstatt sie für eine Art Skagerrakschlacht im Pazifik zurückzuhalten, die durch den Einsatz von Flugzeugen ohnehin höchst unwahrscheinlich geworden war.

Yamamoto und selbst seine konservativeren Kameraden waren sich darüber im klaren, daß eine Seeherrschaft die Luftherrschaft voraussetzte; trotzdem entglitt die Luftherrschaft Japan immer mehr. Zum Teil war das auf die Konzentration so vieler Flugzeuge auf inaktiven Kriegsschauplätzen zurückzuführen; zum Teil war daran der Verlust so vieler guter Piloten schuld, während die Tatsache, daß die Leistungen der japanischen Maschinen denen der alliierten Flugzeuge nicht länger überlegen waren, ebenfalls eine Rolle spielte.

Japan hatte den Bombertypen Flying Fortress und Liberator nichts Gleichwertiges entgegenzusetzen, und selbst die Überlegenheit seiner berühmten Zeros schwand dahin, als neue Hellcats, Corsairs und Lightnings auftauchten, deren Piloten mindestens 600 Stunden Flugerfahrung besaßen: sechsmal mehr als der japanische Durchschnittspilot des Jahres 1943. Die Zukunft sah noch düsterer aus, denn Ende 1942 standen allein bei der U.S. Navy 31 000 Flugschüler in der Ausbildung.

Diese vielen Trends, die der japanischen Führung bedrohlich erscheinen mußten, basierten alle auf der gleichen grundlegenden Tatsache: Japan besaß nur etwa ein Zehntel des Kriegspotentials der Vereinigten Staaten. Auf dem Gebiet der Rüstungsproduktion waren die Unterschiede erschreckend. Im Jahre 1943 baute Japan Kriegsschiffe mit einer Tonnage von 230 000 Tonnen, denen auf amerikanischer Seite 2 667 000 Tonnen gegenüberstanden; Handelsschiffe erreichten 769 000 BRT, während es bei den Amerikanern 12 485 000 BRT waren; 800 japanischen Panzern standen 29 500 amerikanische gegenüber; 16 700 Flugzeugen konnten die Amerikaner 85 900 gegenüberstellen. Selbst wenn die Alliierten ihre Kräfte in Europa konzentrierten, würden die Vereinigten Staaten offenbar auch imstande sein, im Pazifik mit starken Kräften anzugreifen.

Noch deutlicher wird das wirtschaftliche Ungleichgewicht, wenn man Japans Fähigkeit untersucht, einen langen Abnutzungskrieg zu führen. Während die Vereinigten Staaten reichliche Rohstoff- und Nahrungsmittelreserven besaßen, war Japan darauf angewiesen, große Mengen von Eisenerz, Gummi, Bauxit, Nickel, Aluminium, Zinn, Mangan, Salz, Phosphat, Kali, Kokskohle,

Baumwolle, Kobalt und viele seltene Metalle einzuführen. Der vermutlich wichtigste Rohstoff war Erdöl, von dem Japan nur zwölf Prozent seines Eigenbedarfs förderte, während die Amerikaner reichliche Reserven hatten und 700mal mehr förderten. Japan mußte auch 17 Prozent seines Reises, 84 Prozent seines Zuckers, 20 Prozent seines Weizens und 67 Prozent seiner Sojabohnen einführen. Außerdem schwanden die Lagerbestände wegen des erhöhten Bedarfs der Kriegswirtschaft rapide dahin: Hatte die Ölreserve im Jahre 1941 noch 48,9 Millionen Barrels (zu 159 Liter) betragen, war sie im Jahre 1943 auf 25,3 Millionen Barrels gesunken; im gleichen Zeitraum gingen die Eisen- und Stahlvorräte von 4,446 Millionen Tonnen auf 1,437 Millionen Tonnen zurück.

Viele dieser Tatsachen waren der japanischen Führung selbstverständlich vor Kriegsausbruch bekannt, aber sie hatten damit gerechnet, daß die vorhandenen Bestände nur reichen müßten, bis die großen Rohstoffvorkommen Malayas, Niederländisch-Ostindiens und Südostasiens ausgebeutet werden könnten. Anfang 1943 wurde jedoch klar, daß dieses kalkulierte Risiko eine Fehlspekulation gewesen war. Die englischen und holländischen Ölfelder konnten nicht rasch genug auf ihre frühere Förderleistung gebracht werden, und die Gewinnung aller Rohstoffe litt unter dem Mangel an Facharbeitern und entsprechenden Maschinen. Die gravierendsten Auswirkungen hatte jedoch der große Mangel an Schiffsraum. Er war Japans eigentliche Achillesferse, was um so überraschender war, da Japan wie Großbritannien ein Inselreich war, das auf importierte Rohstoffe angewiesen war. Ohne ausreichend große Handelsmarine konnte Japan im Kriegsfall kaum überleben. Aber im Jahre 1941 hatte die japanische Handelstonnage nur 5,296 Millionen BRT betragen, denn etwa 35 Prozent des japanischen Außenhandels wurden unter fremden Flaggen transportiert. Dieser Prozentsatz machte sich bei Kriegsausbruch sofort bemerkbar und ließ sich auch nicht durch erbeutete alliierte Handelsschiffe wettmachen. Außerdem verlor Japan im ersten Kriegsjahr über 1,156 Millionen BRT durch Angriffe alliierter U-Boote.

Um mit voller Kraft weiterkämpfen zu können, hätte Japan seine vorhandene Handelsflotte vor feindlichen Angriffen schützen und sie durch ein gewaltiges Neubauprogramm vergrößern müssen. Bis zum Ende 1943 war jedoch keine dieser Voraussetzungen erfüllt worden. Japan fehlte ein ausgefeiltes Konvoisystem, während es andererseits keine Anstalten machte, die gegnerischen U-Boote nach alliiertem Vorbild mit speziellen Jagdgruppen, besseren Wasserbomben, Asdic, Radar und Flugzeugen zu bekämpfen.

Da der Kriegsschiffsbau Vorrang hatte, konnte Japan nicht genügend Handelsschiffe bauen. Außerdem waren die japanischen Werften oft klein und nicht modern genug eingerichtet. Eine weitere Ursache für die ungenügenden Bauleistungen war die schlechte Versorgungslage bei Stahl. Daran war zum Teil die unzulängliche japanische Stahlindustrie schuld, aber auch der Mangel an Eisenerzimporten aus den überseeischen Besitzungen Japans, der durch die Abnahme der japanischen Handelstonnage bedingt war. Im Jahre 1940 waren noch 3 000 000 Tonnen Eisenerz von den Philippinen und aus

Malaya eingeführt worden, im Jahre 1942 waren es nur noch 118 000 Tonnen. So geriet die japanische Industrie in einen Teufelskreis: Da sie nicht genügend Rohstoffe erhielt, konnte sie nicht genug Schiffe bauen, die diese Rohstoffe hätten transportieren sollen. Und selbst als im Jahre 1943 in den eroberten Gebieten ausreichend Erdöl und Eisenerz zur Verfügung standen, gab es nicht genügend Schiffe – vor allem Tanker – für den Transport dieser Rohstoffe. Nachdem das erkannt und 17 Prozent der japanischen Stahlerzeugung des Jahres 1943 für Handelsschiffe abgezweigt worden waren, mußten bei bestimmten Kriegsschiffstypen und Panzern Abstriche gemacht werden. Um schneller Schiffsraum zu schaffen, wurden viele kleinere Schiffe sogar aus Holz gebaut.

Das also waren Japans größte Schwächen auf militärischem und wirtschaftlichem Gebiet. Mit gewaltiger Energie und perfekter Organisation hätten sie sich möglicherweise lösen lassen. Japan konnte natürlich seine Inselbollwerke durch Zuführung frischer Divisionen verstärken, weitere Maßnahmen ergreifen, um seine Handelsflotte zu schützen und auszubauen, seine Produktion von Kriegsmaterial erhöhen und bessere Waffen konstruieren; aber die Zeit drängte. Trotz des wirtschaftlichen Übergewichts der Vereinigten Staaten sprachen noch immer bestimmte Faktoren zugunsten Japans. Wie bereits erwähnt, gehörten dazu die geographischen Gegebenheiten. Ein weiterer Punkt war die alliierte Politik, „Deutschland zuerst" zu besiegen. Der dritte Faktor war die Gewißheit, daß die Millionen japanischer Infanteristen, Matrosen und Flieger fanatisch und bis zum letzten Atemzug gegen Japans Feinde kämpfen würden, während niemand wußte, wie weit die Alliierten sich im Krieg gegen Japan vorwagen würden.

Falls für jeden japanischen ein alliierter Soldat fallen mußte, war es doch denkbar, daß diese unvorstellbar hohen, in die Millionen gehenden Verluste die Demokratien dazu bewegen würden, einem Kompromißfrieden zuzustimmen? Selbst er würde Japan teuer zu stehen kommen, aber das erschien der japanischen Führung besser als eine demütigende Niederlage.

Letztlich blieb ein unberechenbarer Faktor: der Ausgang zukünftiger Schlachten, wenn die Amerikaner versuchten, den japanischen Verteidigungsring zu durchbrechen. Dabei konnten Zufälle, Führerqualitäten und Geistesgegenwart eine Rolle spielen. Falls Japan die ersten Schlachten für sich entscheiden konnte, war der amerikanischen Gegenoffensive nicht nur die Spitze gebrochen, sondern die Japaner gewannen dadurch auch kostbare Zeit zur Erhöhung ihrer Abwehrkraft und zur Steigerung ihrer Kriegsmaterialproduktion. Verlor Japan sie jedoch und konnte die dadurch geschlagene Bresche nicht mehr schließen, war seine zukünftige Kriegsführung entsprechend erschwert. Deshalb hing alles vom Ausgang dieser Schlachten ab – und was hätte für in der Samurai-Tradition aufgewachsene Krieger angebrachter sein können? Die Japaner warfen Verstärkungen in das gefährdete Gebiet, überdachten ihre Kriegspläne, bauten ihre Stellungen aus, steigerten die Produktion von Kriegsmaterial und warteten nervös, aber ungeduldig auf den Beginn der nächsten Runde.

Namenregister

Abe, Vizeadmiral (Japan) 147
Alexander, General (Großbritannien) 86, 87, 89, 91
Arnold, General (US Navy) 99

Blamey, General (Australien) 156, 157

Callaghan, Vizeadmiral (USA) 147
Chennault, General (USA) 168, 169
Churchill, Winston (brit. Premierminister) 44, 49, 52, 57, 60, 85, 105, 165
Crutchley, Vizeadmiral (USA) 135, 137, 138

Doi, Oberst (Japan) 46
Doolittle, Oberstleutnant (USA) 100, 101
Doorman, Konteradmiral (Niederlande) 75, 77, 78

Eichelberger, General (USA) 158

Fitch, Vizeadmiral (USA) 108
Fletcher, Vizeadmiral (USA) 107, 108, 109, 110, 111, 112, 113, 115, 120, 122, 127, 135, 137, 141
Friedman, William, Oberst (USA) 25
Fuchida, Fregattenkapitän (Japan) 39, 41, 42, 43, 125

Gay, George, Leutnant z. S. (USA) 124
Ghormley, Admiral (USA) 106, 135, 144
Goto, Vizeadmiral (Japan) 104, 144

Grace, Vizeadmiral (Großbritannien) 107, 108, 109

Halsey, Admiral (USA) 101, 145, 146, 151
Hara, Admiral (Japan) 105, 109, 110, 112
Hitler, Adolf (deutscher Reichskanzler) 18, 44
Hjakutake, General (Japan) 142, 154
Homma, General (Japan) 65, 66, 67, 68, 70
Horrii, Generalleutnant (Japan) 154, 155, 156, 157, 158
Hull, Außenminister (USA) 28
Hutton, General (Großbritannien) 82, 84, 85, 86, 87, 91

Iida, General (Japan) 82, 83, 88, 93, 163
Imamura, General (Japan) 72, 150
Inouje, Admiral (Japan) 104, 110, 112, 115
Itschiki, Oberst (Japan) 140

Kenney, Generalleutnant (USA) 154
Kimmel, Admiral (USA) 31, 33, 38, 40
King, Admiral (USA) 69, 98, 99, 174
King, Edward, Generalleutnant (USA) 89, 102
Kinkaid, Vizeadmiral (USA) 146, 147, 148
Kondo, Admiral (Japan) 73, 77, 93, 116, 117, 118, 128, 140, 141, 146
Konoye, Fürst (jap. Regierungschef) 21

Lane, Oberst (Großbritannien) 72
Layton, Admiral (Großbritannien) 94

MacArthur, Oberbefehlshaber (USA) 22, 63, 64, 67, 68, 69, 105, 106, 107, 133, 134, 135, 154, 155, 156, 158, 173
Maltby, Garnisonskommandant (Hongkong) 46
Marshall, General (USA) 38, 104
Marujama, General (Japan) 145
Mikawa, Admiral (Japan) 137, 138, 139
Mutagatschi, General (Japan) 167

Nagumo, Vizeadmiral (Japan) 34, 35, 36, 38, 39, 41, 42, 43, 77, 93, 94, 95, 96, 101, 103, 117, 118, 121, 122, 123, 124, 125, 127, 128, 130, 131, 140
Nelson, Admiral (Großbritannien) 30
Nimitz, Admiral (USA) 98, 99, 100, 101, 105, 106, 107, 115, 118, 119, 120, 121, 129, 130, 133, 134, 135

Osawa, Admiral (Japan) 93

Patch, General (USA) 150, 151
Percival, General (Großbritannien) 49, 55, 56, 58, 59, 61
Phillips, Konteradmiral (Großbritannien) 52, 53
ter Porten, General (Niederlande) 79
Pownall, Generalstabschef (Großbritannien) 55

Roosevelt, Franklin D. (US-Präsident) 18, 21, 22, 44, 105, 165, 169

Sano, General (Japan) 46
Scott, Vizeadmiral (USA) 144, 147
Short, General (USA) 38
Slim, General (Großbritannien) 87, 88, 91, 164
Smyth, Generalleutnant (Großbritannien) 85
Somerville, Vizeadmiral (Großbritannien) 92, 93, 94, 95, 96
Spruance, Vizeadmiral (USA) 120, 122, 127, 128, 129
Stilwell, General (USA) 87, 89, 90, 161, 168, 169

Takagi, Admiral (Japan) 105, 107, 108
Tanaka, Vizeadmiral (Japan) 142, 148, 150
Theobald, Vizeadmiral (USA) 129
Togo, Admiral (Japan) 30, 36, 41
Tojo, General (jap. Regierungschef) 21, 26
Tomonaga, Oberstleutnant (Japan) 121
Tschiang Kai-schek (chinesischer Staatsmann) 20, 45, 81, 82, 162, 163, 167, 168
Turner, Vizeadmiral (USA) 135, 137, 138, 139

Vandegrift, Generalmajor (USA) 135, 139, 142

Wainwright, General (USA) 69, 70
Waldron, Korvettenkapitän (USA) 124
Wavell, General (Großbritannien) 55, 56, 57, 73, 75, 82, 85, 92, 161, 162, 163, 165, 167

Wright, Vizeadmiral (USA) 150

Yamagutschi, Vizeadmiral (Japan) 123, 127, 130

Yamamoto, Oberbefehlshaber (Japan) 10, 30, 31, 32, 36, 37, 42, 44, 97, 98, 103, 112, 115, 116, 117, 118, 119, 120, 121, 127, 128, 129, 130, 140, 171, 172, 177

Yamaschita, General (Japan) 50, 51, 58, 60, 83

Yokojama, Oberst (Japan) 154

Yoschikawa, Vizekonsul (Japan) 35

Ortsregister

Ambon 74
Aparri 66

Balikpapan 75
Bandjarmasin 74
Bata Pahat 56
Bukit Timah 58
Buna 154, 158, 159
Buthidaung 164

Colombo 94
Cox's Bazar 164

Darwin 77
Davao 72, 74
Dutch Harbor 117

Finschhafen 153
French Frigate Shoals 120

Gemma 56
Gona 158, 159
Gonzaga 66
Goppe Bazar

Hongkong 9, 20, 24, 27, 45, 46, 97
Honolulu 37, 38
Hopong 89

Htiswe 163

Indin 163
Ioribaiwa 156

Jenangjaung 88, 89

Kalewa 84, 89, 90
Kalkutta 92
Kelantan 54
Kemma 74
Kendari 74, 75
Kobe 101
Kokoda 155, 157
Koli Point 149
Kopenhagen 30
Kota Bharu 51
Kuala Lumpur 55
Kuantan 53, 55
Kuching 71, 72

Lae 153
Laschio 88, 89, 90
Legaspi 66, 67
Loikaw 89
Loilem 89
London 45, 49, 165

Makassar 75, 76
Mandalay 84, 89
Manila 64, 65, 67, 69, 83
Mauchi 89
Meiktila 89
Menado 74
Mergui 84
Mjitkjina 90
Monywa 90
Moulmein 84
Muar 56
Mukden 12

Nagoja 101
Namphe 89
Nanking 16
Nomonhan 18

Okpo 88
Opana 38

Palau 66, 72
Palembang 72, 76

185

Panoy 70
Pongani 158
Port Arthur 12
Port Moresby 108, 109, 112, 133, 139, 153, 154, 156, 157
Port Swettenham 55
Prome 88

Rabaul 98, 104, 105, 110, 137, 140, 142, 143, 147, 150, 154, 155, 173
Rangun 83, 84, 85, 87, 93, 96, 167

Saigon 53
Salamna 153
Sanananda 159
San Francisco 38, 100, 115
Schanghai 16
Schwedaungo 88
Schwegjin 90
Sedidaung 163
Singapur 9, 14, 45, 47, 49, 50, 51, 54, 55, 56, 57, 58, 59, 60, 61, 69, 71, 73, 81, 85, 97, 153, 155
Singora 50, 56
Surabaya 77, 78, 79

Tamu 84
Tarakan 74
Tarent 31
Tassafaronga 150
Tobruk 60
Tokio 14, 15, 27, 32, 35, 99, 100, 101, 102, 103, 104, 107, 115, 136, 139, 173
Toungoo 87, 88
Trincomalee 94, 95
Tschungking 17
Tschutschow 102
Tsuschima 12, 29, 36

Vigan 66, 67

Wanigela 157, 158
Washington 14, 21, 27
Wau 154

Ye 84

Allgemeines Register

ABDA (American British Dutch Australian Command) 55, 75, 82, 85
Adak (Insel) 116, 117, 129
Akjab (Insel) 162, 163, 164
Alaska 173
Aleuten (Inseln) 103, 115, 116, 117, 118, 119, 121, 128, 129, 130
Anglo-japanischer Beistandspakt 14
Arakan (Region) 164, 165
Asien 12, 18, 19, 37
Attu (Insel) 116, 117, 129
Australien 54, 66, 69, 75, 76, 97, 98, 103, 104, 105, 106, 107, 133, 154, 158, 173
Avu-Brücke 90

Bantam-Bucht 78
Barcorps 87, 90
Bataan (Halbinsel) 22, 63, 67, 68, 69, 70, 71, 73
Batan (Insel) 66
Batavia 78
Belgien 60
Bellows Field (Flugplatz) 35
Bengalen, Golf von, 93, 160
Bilin (Fluß) 85
Bismarck-Archipel 22, 97, 105, 134, 176
Borneo 8, 22, 70, 71, 74
Britisch-Nordborneo 72
Burma 10, 20, 22, 24, 54, 57, 75, 81, 82, 86, 87, 91, 92, 93, 97
Burmafeldzug 91, 105
Burma Military Police 82
Burma Rifles 82
Burma Road (Burma-Straße) 17, 81, 84, 86, 88, 168

Camiguin (Insel) 66
Catalina (Flugboot) 120, 121, 124
Celebes (Insel) 72, 74
Ceylon 43, 52, 92, 93, 94, 95, 162

China 7, 8, 11, 12, 13, 16, 17, 18, 19, 20, 26, 81, 86, 88, 98, 101, 105, 143, 161, 162, 167, 169, 173, 176
Chindit (Soldaten) 165, 166
Chindwin (Fluß) 90, 166, 167
Clark Field (Flugplatz) 65
Corregidor (Inselfestung) 10, 69, 70, 97

Deboyne (Insel) 105
Deutschland 12, 16, 18, 23, 175
Dobodura-Ebene 158
Dünkirchen 29

England (siehe Großbritannien) 13, 14, 18, 21, 48, 54, 60, 92

Fidschi (Inseln) 99, 104, 135

Flugzeuge (alliierte)
  B-17 23, 39, 64, 65, 66, 142
  B-25 Mitchell 100, 101
  Blenheim 83
  Buffalo 82
  Dauntless 125, 126, 127
  Devastator 124, 125
  Fulmar 94
  Hurricane 94
  P-40 Tomahawk 82
  Wildcat 124, 127
Flugzeuge (japanische)
  Aichi D3A2 Val 39
  Nakajima B5N2 Kate 40
  Zero 23, 24, 39, 54, 95
Ford Island 39, 40
Formosa 23, 45, 63, 64, 65
Frankreich 12, 18, 60

Gidrinkers-Linie 46
Gilbert-Inseln 22
Großbritannien 13, 49, 179
Guadalcanal 10, 104, 108, 134, 135, 136, 138, 139, 140, 142, 143, 144, 145, 146, 147, 149, 150, 151, 152, 153, 154, 155, 157, 171, 174
– (Schlacht) 134, 148
Guam 22

Hawaii 26, 33, 38, 43, 44, 46, 63, 87, 98, 102, 104, 105, 133, 178
Hickam Field (Flugplatz 35, 39
Huon (Halbinsel) 134

Indien 54, 81, 82, 85, 86, 87, 90, 96, 105, 160, 161, 165, 166
Indischer Ozean 22, 92, 105, 162
Indochina 19, 49, 50, 53, 72, 105
Irrawaddy (Fluß) 88, 89, 166
Italien 18, 175

Japan 7, 8, 9, 10, 11, 12, 13, 14, 15, 16, 17, 18, 19, 20, 21, 23, 24, 25, 26, 27, 42, 43, 44, 49, 53, 60, 64, 79, 81, 97, 99, 101, 116, 132, 137, 168, 171, 172, 173, 174, 175, 176, 177, 178, 179, 180, 181, 182
Japanisch-chinesischer Konflikt 11, 18
Japanisch-sowjetischer Nichtangriffspakt 18
Java 8, 72, 75, 76, 77, 78, 98
Java-See 78
Jitra-Stellung 54
Johore (Halbinsel) 56, 57

Kalapasin-Tal 163
Kampar-Stellung 54
Kampfgruppe Mitte (jap.) 72, 74
Kampfgruppe Ost (jap.) 72, 74, 78
Kampfgruppe Südsee (jap.) 35, 36, 38
Kampfgruppe West (jap.) 72, 73, 78
Kampfgruppe Z (brit.) 52, 53
Kangaforce (austr.) 154
Kapa Kapa Trail 157, 158
Karolinen (Inseln) 13, 63, 104
Kiska (Insel) 116, 117, 129
Kokoda Trail 10, 153, 154, 156, 159
Korallensee (Seeluftschlacht) 10, 104, 107, 108, 112, 119, 131, 133, 134, 151, 153, 171
Kra (Landenge) 83

Kreta (Insel) 23, 29
Kumusi (Fluß) 158
Kure-Atoll (US-Stützpunkt) 34, 117
Kurilen (Inseln) 26, 34
Kwantung-Armee 17, 33, 176

Lamon-Bucht 67
La-Plata-Mündung 78
Leyte-Golf (Schlacht) 30
Lingayen-Golf 66
Lombok-Straße 76
Louisiaden-Archipel 105
Lunga Point/Henderson Field (Flugplatz) 134
Luzon (Insel) 22, 23, 65, 66, 69

Madagaskar 96
Maju (Halbinsel) 163
Malaya 9, 20, 21, 22, 24, 27, 33, 34, 37, 47, 48, 49, 50, 51, 53, 54, 56, 57, 70, 73, 75, 82, 85, 92, 97, 105, 179, 181
Malaya-Singapur-Feldzug 60
Malediven (Inseln) 94, 95
Mandschurei (Mandschukuo) 16, 17, 25, 98, 176
Manila 63, 69
Manila-Bucht 63
Marianen (Inseln) 13, 63
Marshall-Inseln 13, 32, 63, 99
Matanikau (Fluß) 143
Meiji-Restauration 40
Midway (Inseln) 115, 117, 118, 119, 120, 121, 123, 128, 129, 130, 132, 133, 171, 175
Midway (Schlacht) 10, 103, 128, 129, 130, 131, 151, 153, 172, 175
Mindanao (Insel) 74, 116
Mittlerer Osten 54, 92

Nauru (Insel) 103, 112
Neubritannien 98
Neue Hebriden 104, 135, 145
Neugeorgien 151
Neuguinea 20, 96, 97, 98, 105, 107, 134, 151, 153, 154, 155, 156, 168, 171
Neukaledonien 98, 104, 135, 144
Niederländisch-Borneo 72
Niederländisch-Ostindien 9, 10, 19, 20, 22, 24, 50, 57, 69, 71, 72, 74, 75, 79, 97, 105, 179
Norwegen 23, 29

Oahu (Insel) 34, 38, 39
Oberkommando Fernost 81
Oberkommando Indien 81, 82, 161
Östliche Flotte (Eastern Fleet) 92, 93
Operation Anakim 167
Operation Culverin 167
Operation Watchtower 134
Owen-Stanley-Kette 153, 155
Ozean-Inseln 112

Panama 38
Papua (Inseln) 103, 134, 143, 153, 156
Pearl Harbor (jap. Überfall) 7, 9, 11, 21, 23, 26, 28, 29, 30, 31, 32, 33, 36, 37, 38, 39, 40, 42, 53, 65, 70, 71, 98, 99, 102, 106, 115, 118, 120, 121, 129, 136, 168
Perak (Fluß) 54
Persischer Golf 92
Philippinen 20, 21, 22, 23, 24, 29, 33, 37, 38, 63, 64, 65, 69, 70, 71, 72, 75, 97, 105, 143, 180

Queensland (austr. Region) 103, 153

Rußlandfeldzug 23

Salomonen (Inseln) 98, 103, 104, 106, 107, 108, 133, 134, 137, 141, 145, 151, 168, 172
Salween (Fluß) 84
Samoa 104
Santa Cruz (Insel) 134, 145, 146
Savo (Insel) 138, 139, 144
Schan-Staaten 82
Schantung (chin. Provinz) 15

Schiffe (siehe Streitkräfte)
Schweli (Fluß) 166
Siam 21, 34, 50, 51
Siam, Golf von
Singapur 22, 48, 52
Singawang II (Stützpunkt) 72
Sittang (Fluß) 85
Sittang-Tal 85
Slim (Fluß) 55
Sowjetunion 12, 14, 21, 173
Streitkräfte
 amerikanische:
 32. Division 158, 159
 3. Flotte 175
 25. Infanteriedivision 150
 XIV. Korps 150
 5. Luftflotte 154
 1. Marinedivision 135, 150
 2. Marinedivision 135, 150
 164. Regiment (Division Americal) 144, 150
 australische:
 6. Division 159
 7. Division 155, 159
 britische:
 8. Armee 92
 7. Panzerbrigade 85, 87, 90
 burmesische:
 1. Division 87, 88
 chinesische:
 5. Armee 90
 38. Division 89
 indische:
 77. Brigade 165
 11. Division 56
 14. Division 163
 17. Division 84, 87, 88
 26. Division 163
 XV. Korps 164
 japanische:
 14. Armee 65, 66, 69
 15. Armee 82, 163, 167
 17. Armee 143, 150, 154
 18. Armee 150
 25. Armee 50
 5. Division 50
 18. Division 50, 87
 33. Division 82
 38. Division 46, 47
 48. Division 68
 55. Division 82
 56. Division 87, 163
 8. Flotte 137
 8. Gebietsarmee 150
 2. Infanteriedivision 145
 10. Luftbrigade 83
 1. Luftflotte 93
 215. Regiment 90
 5. Trägerdivision 105
Schiffe
 amerikanische:
 „Arizona" 40, 42
 „Astoria" 138
 „California" 40, 42
 „Chicago" 138
 „Enterprise" 41, 42, 100, 107, 120, 125, 135, 141, 146
 „Helena" 40
 „Henley" 109
 „Hornet" 100, 107, 120, 142, 146
 „Houston" 76, 77, 78
 „Lexington" 99, 107, 108, 112
 „Marblehead" 76
 „Nautilus" 123, 126
 „Neosho" 108, 109, 110
 „Nevada" 41, 42
 „North Carolina" 141, 142
 „Oglala" 42
 „Oklahoma" 40, 42
 „Pennsylvania" 41, 42
 „Phelps" 112
 „Quincy" 138
 „Raleigh" 40
 „Sims" 109, 110
 „South Dakota" 146, 149
 „Saratoga" 135, 141, 142
 „Tambor" 128
 „Utah" 40, 42
 „Vicennes" 138
 „Wasp" 135, 142
 „West Virginia" 40, 42
 „Yorktown" 99, 108, 111, 113, 120, 122, 124, 125, 127

australische:
„Australia" 137
„Canberra" 138
„Perth" 77, 78
britische:
„Cornwall" 94, 95
„Dorsetshire" 94, 95
„Exeter" 77, 78
„Formidable" 52
„Hermes" 94, 95
„Illustrious" 31
„Indomitable" 94
„Prince of Wales" 52, 53
„Repulse" 52
„Vampire" 95
„Warspite" 94
japanische:
„Akagi" 30, 34, 36, 117, 125, 126
„Aoba" 144
„Furutaka 144
„Hiei" 35, 148
„Hiryu" 34, 42, 75, 117, 127
„Jintsu" 142
„Kaga" 34, 117, 126
„Kirishima" 35, 148, 149
„Mikuma" 128
„Mogami" 128, 129
„Nagara" 125
„Ryujo" 140, 141
„Shoho" 104, 110
„Shokagu" 34, 105, 110, 113, 140, 146
„Soryu" 34, 42, 75, 117, 126
„Tone" 123
„Yamato" 29, 117
„Zuiho" 146
„Zuikagu" 34, 105, 111, 113, 119, 140
niederländische:
„Java" 77
„de Ruyter" 77
Südafrika 13, 92
Suezkanal 92
Sumatra 73, 75, 79, 105
Sunda-Straße 78

Tankan-Bucht 26
Task Force 16, 120, 124
Task Force 44, 135
Tenaru (Fluß) 140
Thailand 20, 37
Timor (Insel) 75
Tokio-Expreß 143, 147, 151
Truk (Insel) 104, 140, 175
Trafalgar (Schlacht) 29
Tschekiang (chin. Provinz) 102
Tulagi (Insel) 103, 104, 107, 108, 113, 134, 135, 136

Unternehmen Matador 50, 51, 52

Vereinigte Staaten von Amerika (USA) 7, 8, 13, 14, 15, 18, 26, 29, 30, 44, 97, 98, 116, 136, 149, 168, 171, 172, 174, 175, 177, 178
Versailles (Vertrag) 14
Vichy-Regierung 19
Victoria Point (Flughafen) 81, 83, 84

Wake (Insel) 22, 42, 129
Washington 18
– Flottenabkommen 15
– Neunmächtekonferenz 16
Weltwirtschaftskrise 15
Wheeler Field (Flugplatz) 35, 39